# 図解でわかる
# デジタルマーケティング
## いちばん最初に読む本

野上眞一

アニモ出版

本書の内容は2020年10月20日現在の情報や法令等にもとづいています。

# はじめに

「デジタルマーケティング」は、ＷｅｂマーケティングやＳＮＳマーケティング、メールマーケティングなどの総称です。それらをデジタルマーケティングとして組み合わせると、Ｗｅｂだけ、ＳＮＳだけ、メールだけではできないことができるようになります。

とはいえ、話が「デジタル」だけに、理解がむずかしいところがままあるものです。また、Ｗｅｂ上にはデジタルマーケティングに関するよいコンテンツがたくさんありますが、大きくまとめたものは多くありません。

そこでこの本では、次のような方のために、デジタルマーケティングの全体像をわかりやすく図解を交えて説明することにしました。

●デジタルマーケティングとは何か、手っとり早く知りたい人
●デジタルマーケティングにはどんな施策があるか、知りたい人
●デジタルマーケティングの導入を考えている経営者、担当者
●デジタルマーケティングの仕事をこれからする人、したい人

「デジタルの話なんだから、ＷｅｂやＳＮＳ上ですればいいのに」と思った人がいるかもしれません。しかし、本文でもふれましたが、デジタルマーケティングはデジタルメディアに限るものでもないのです。

この紙の本が、皆さんをデジタルマーケティングの世界に「流入」させるキッカケになれば、こんなにうれしいことはありません。

2020年10月　　　　　　　　　　　　　　野上 眞一

図解でわかるデジタルマーケティング
いちばん最初に読む本

# もくじ

## 3章 デジタルマーケティング、これだけは知っておこう！

## 4章 デジタル広告はいま、こうなっている

## 5章 デジタルマーケティングを始めるには

カバーデザイン◎水野敬一
本文ＤＴＰ＆図版◎伊藤加寿美（一企画）

# 1章

## デジタルマーケティングとは何だろう

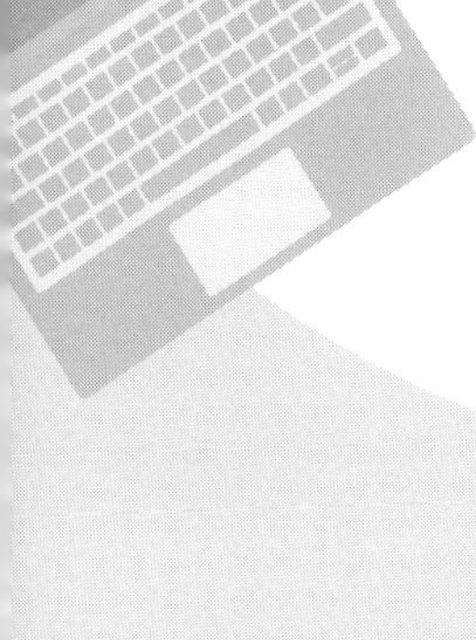

Digital
Marketing

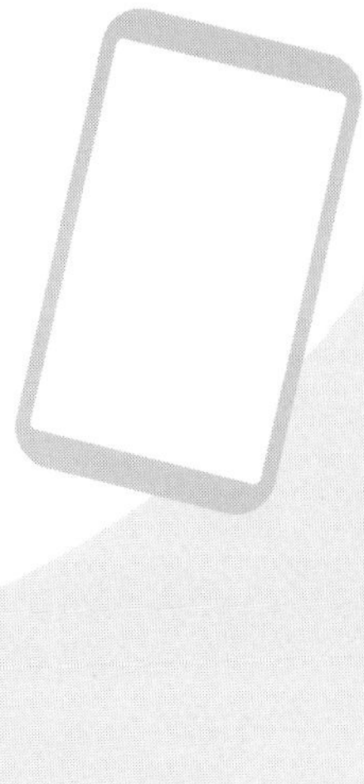

# デジタルマーケティングをあらわす４つの「デジタル」

## もはやＷｅｂマーケティングだけでは済まない

「デジタルマーケティング」とは、パソコンやスマートフォン、インターネットやＩＴ技術など、「デジタル」に関するマーケティングの総称です。

近年は、パソコン・スマートフォン・タブレットと、一般に広く普及したデジタル機器の種類が増えています。また、Ｗｅｂサイトやメールに加えて、ブログ・各種のＳＮＳなど、デジタルメディアも多彩です。

しかも、どのメディアも、パソコンでもスマートフォンでもタブレットでも利用できるなど、それぞれ密接な関わりを持っています。

たとえば、「Ｗｅｂマーケティング」「ＳＮＳマーケティング」など、個別のマーケティングを考えていたのでは、対応できなくなっているのです。デジタルマーケティングは、ＷｅｂマーケティングやＳＮＳマーケティングも包含して、**あらゆるデジタルを駆使しようというマーケティング**です。

## デジタルマーケティングの４つの「デジタル」

実は、デジタルマーケティングの「デジタル」は、ひとつではありません。デジタルマーケティングを見るときは、最低でも４つの「デジタル」を考える必要があります。

**①デジタルメディア**

Ｗｅｂサイト、ＥＣサイト、ＳＮＳなど、事業者と顧客を結ぶ媒体となるもののことです。近年は、ＳＮＳのメディアとしての重要性が高まっています。

## デジタルマーケティングの４つの「デジタル」とは

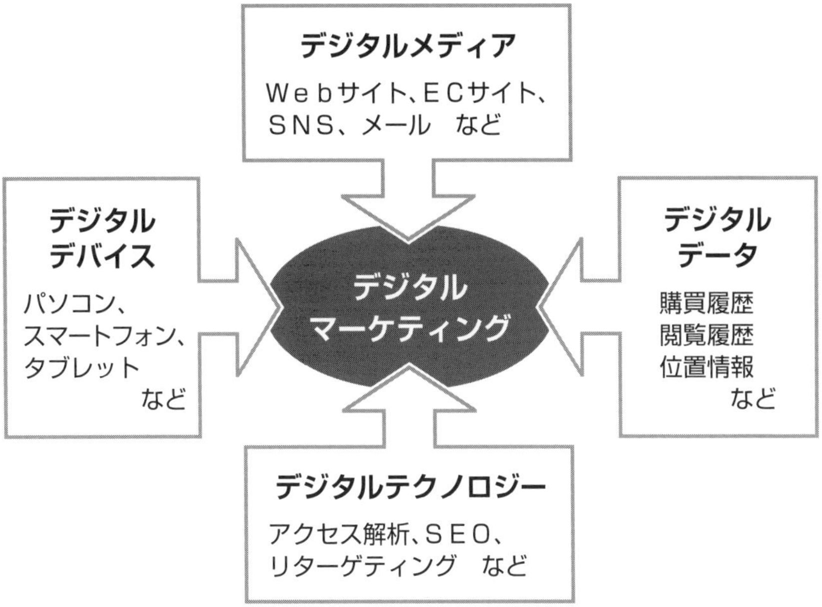


**Check!**

**メディアだけでも、デバイスだけでも**
**デジタルマーケティングは成り立たない**

### ②デジタルデバイス

「デバイス」は、装置とか機器のことです。この場合は、スマートフォンなど、単体で使える「情報端末」を指しています。

### ③デジタルテクノロジー

デジタルマーケティングを支える技術のこと。アクセス解析など、耳慣れないかもしれませんが、簡単に説明しておきます（☞次項）。

### ④デジタルデータ

デジタルメディアなどを使うと、その利用履歴など、さまざまなデータが蓄積されます。また、デジタルテクノロジーで各種の分析を行ない、マーケティングに役立つデータを得ることも可能です。

# 「4つのデジタル」の中身を見てみよう

## メディアでは「アプリマーケティング」も重要に

デジタルマーケティングの守備範囲を知るために、もう少し詳しく「4つのデジタル」の中身を見てみましょう。

デジタルメディアは、前項であげたもののほかに、最近ではスマートフォンのアプリが重要になっています。つまり、「**アプリマーケティング**」です（☞67ページ）。

デジタルデバイスとしては右の図のように、現在のところパソコン、スマートフォン、タブレットが中心ですが、それぞれ画面の大きさや、使われる場所、使い方が異なります。それぞれに応じたマーケティング施策が必要です。

**【施策】** 施す対策といった意味だが、マーケティングでは「効果的な施策」「○つの施策」「マーケティング施策」など、よく施策という用語を使う。覚えておこう。

## いわゆる「ビッグデータ」の活用も可能に

デジタルテクノロジーは、右図にあげたほかにも「ＬＰＯ（ランディングページ最適化）」「ＥＦＯ（入力フォーム最適化）」など、種類が豊富です。それらについては、３章で詳しく説明します。

デジタルデータは、右図にあげたもののほか、いわゆるビッグデータの活用が重要です。たとえば、クレジットカードの普及により、ネットと店頭での購入履歴を一括して把握できるようになり、商品構成の検討などに役立てることが可能になっています。

## 4つの「デジタル」の中身をみてみると

### デジタルメディア

- Webサイト
- SNS
  ソーシャルネットワークサービス。TwitterやLINE、TikTokなど
- ECサイト
  電子商取引を行なうサイト。ネットショップ
- メール
- ブログサイト
- アプリ

など

### デジタルデバイス

- パソコン
- スマートフォン
- タブレット

など

### デジタルテクノロジー

- アクセス解析
  サイトを訪れる人や、訪れた人のサイト内での行動を分析すること、その技術
- SEO
  検索エンジン最適化。Googleなどで検索したときに、上位に表示される対策
- リターゲティング
  一度サイトを訪れたユーザーを追いかけて、継続的に配信する広告や、その技術

など

### デジタルデータ

- 購買履歴
- 閲覧履歴
- 位置情報

など

# デジタルマーケティングはなぜ必要になったのか？

## Ｗｅｂマーケティングとの違いは

デジタルマーケティングは、なぜ必要になったのでしょうか。用語としての必要性は、最初に説明したように、メディアがＷｅｂを超えて広がったからです。右の図のように、Ｗｅｂマーケティングはデジタルマーケティングの一部になっています。

ただし現在でも、メールやＳＮＳを含めて、Ｗｅｂマーケティングと呼ぶ人がいるのも事実です。その場合、デジタルマーケティングとＷｅｂマーケティングは、用語としては同じ意味になるので注意しましょう。

また、デジタルマーケティングが重要になったといっても、従来からのマーケティング施策が、無効になったわけではありません。デジタルマーケティングのなかでも、本来のマーケティング手法がいろいろと活用されています（☞32ページ）。

## スマートフォンがマーケティングを変えた

一方、マーケティングとしての必要性は、スマートフォンの爆発的な普及によるところが大きいといえるでしょう。

ほとんどの人がスマートフォンにより、いつでもどこでも、簡単に情報を入手できるようになった結果、また、情報を出す側がそれに応じて大量の情報を提供した結果、情報の取捨選択がより厳しくなったのです。

いまや、One to Oneマーケティングが必要とさえいわれています。デジタルマーケティングにより、データを駆使し、さまざまなメディアでテクノロジーを活用して、的確な情報を消費者のデバイ

## デジタルマーケティングとWebマーケティングの違い



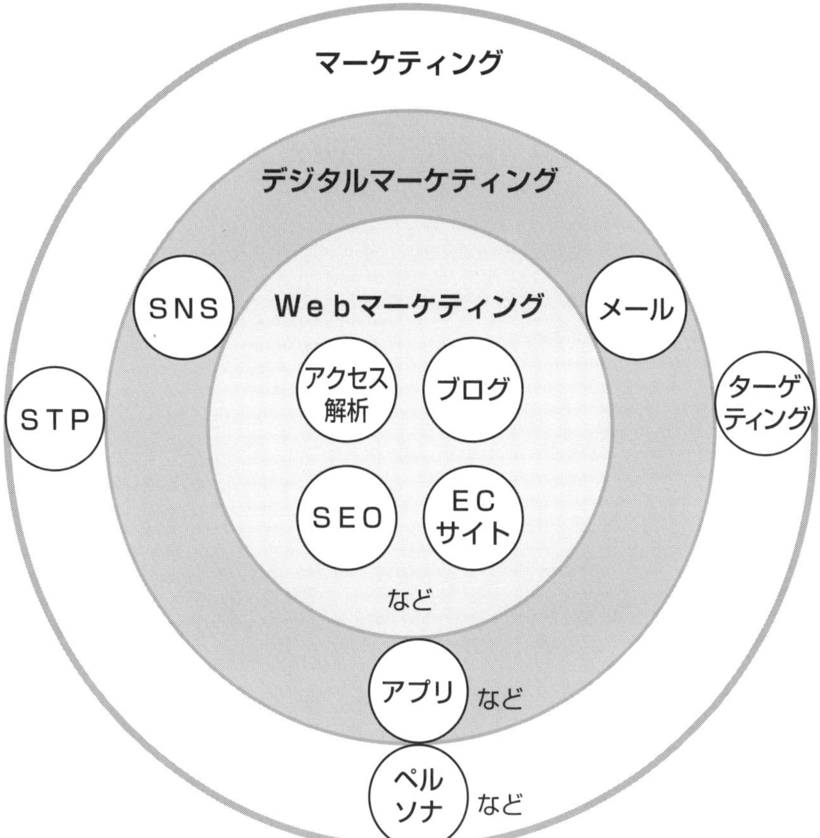


スに届けなければなりません。

そのための、デジタルマーケティングです。

**【One to Oneマーケティング】** 1対1（のように顧客側から見える）関係を、多数の顧客との間で築くマーケティング。顧客一人ひとりに合わせて、カスタマイズしたWebページを表示するなどの手法がある。

# 普通のマーケティングと違う デジタルマーケティングの特長は？

## デジタルマーケティングならではの特長2つ

デジタルマーケティングには、他のマーケティングにはない、デジタルゆえの特長がいくつかあります。

こうした特長があるため、さまざまなテクノロジーも開発されて、現在のような発達を遂げたといえます。

### ①効果の測定が簡単で正確

デジタルマーケティングでは、行なった施策の効果や、費用対効果を、簡単に数値としてつかむことができます（☞次項）。

### ②一人ひとりを対象にすることが可能

いろいろな技術の活用により、デジタルマーケティングではターゲットを一人ひとりにまで細分化することが可能です（☞次項）。

## 一般的にメリットが大きい特長3つ

以上は、デジタルならではの重要な特長ですが、一般的には、次のようなメリットも特長としてあげることができます。人や会社によっては、こちらのメリットが重視されるかもしれません。

### ③低コストで始められる

ホームページやブログなどでは、無料で利用できるサービスも数多くあります。Ｗｅｂ広告などは、少額から始めることも可能です。あまり予算がない人や会社でも、始められるわけです。

## デジタルマーケティングの５つの特長

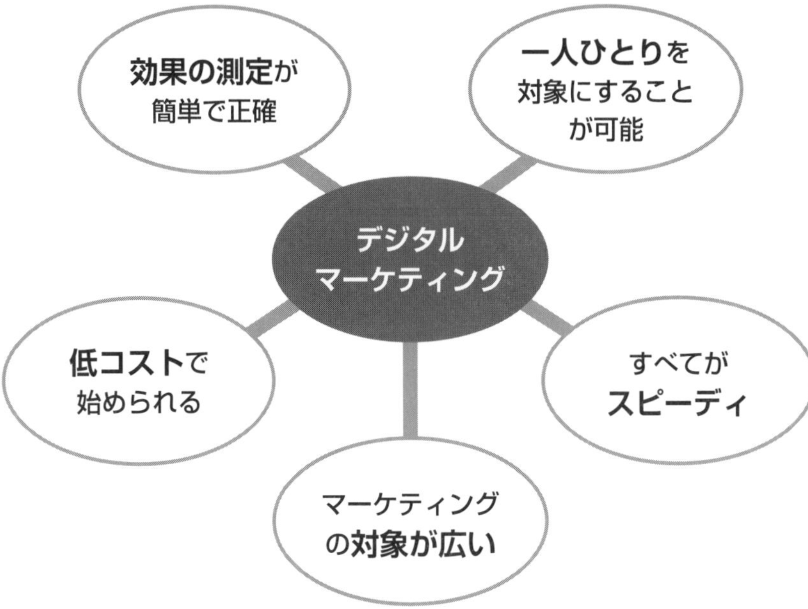


**Check!**

**このような特長があるため**
**デジタルマーケティングは小さな会社にも向いている**

### ④すべてがスピーディ

デジタルマーケティング施策の多くは、準備などの時間がほとんどかかりません。実施を決定したら、スピーディに実行に移せるので、流行のピークを過ぎるなどの時間的ロスが防げます。

### ⑤マーケティングの対象が広い

リアル店舗では、店舗周辺のエリアがマーケティングの対象ですが、インターネット空間では全世界がマーケティングの対象になりえます。現実的には言葉の問題がありますが、たとえば日本語のＥＣサイトなら、日本中が見込み客の対象です。

# 05 効果が簡単に測定できて一人ひとりを対象にできる

## 効果、費用対効果などが自動的に示される

前項であげた特長のうち、①と②は、デジタルならではの特長としてとくに重要です。少し詳しく見ておきましょう。

まず、マーケティングの効果測定ですが、実は、通常のマーケティングで施策の効果を測ることは、あまり簡単ではありません。

たとえば、テレビＣＭを行なったとして、売上がアップした分のどれだけが、そのＣＭによる効果なのかを測るには、大規模なリサーチなどが必要になります。

一方、デジタルマーケティングでは、**施策の効果などをすべて、自動的に、数値で示すことが可能**です。設定を追加すれば、サイトのアクセス数や、各ページの滞在時間といった、細かいデータを得ることもできます（☞60ページ）。

また、アクセスのデータだけでなく、商品の購入やサービスの申込みに至るまでに、どれだけのコストがかかったかなど、費用対効果のデータを得ることが可能です（☞100ページ）。

それらによって、施策を続けるか判断したり、修正すべき点があれば、ただちに、その時点で修正するといったことができます。

## 一人ひとりをマーケティング対象にできるワケ

次に、一人ひとりをマーケティングの対象とするのは、One to Oneマーケティングの考え方ですが（☞17ページ）、そこまでいかなくても、一人ひとりを対象にできることはあります。

たとえば、ユーザーが自社商品の分野で情報を必要としていて、それに関係するキーワードを検索したとき、検索結果の上位に表示

## デジタルマーケティングでできること①

**正確に数値として測定できることの例**

- サイトを訪れたユーザーが何ページ見たか
- アクセス数の何%がサイトの目的（商品購入や会員登録など）まで至ったか
- サイトの目的を１件達成するのに広告費がいくらかかったか　など

**一人ひとりを対象にできることの例**

- 検索結果の上位に自社サイトが表示されるようにする
- 特定のキーワードが検索されたときに自社の広告を表示する
- スマートフォンで検索されたときに近くの店舗の広告を表示する　など

**Check!**

この2つはデジタルマーケティングのデジタルならではのメリット

**【サイトの目的】** デジタルマーケティングでは「コンバージョン」という(☞92ページ)。ＥＣサイトなら商品購入、コミュニティサイトなら会員登録、商品情報サイトなら資料請求などがコンバージョンになる。

されるようにするといったことです（☞38ページ）。

それがむずかしければ、費用はかかりますが、広告を表示する方法もあります（☞46ページ）。いわゆる「リスティング広告」です。

また、スマートフォンで検索した場合は、位置情報がわかるので、近くに自社店舗があれば、その広告を表示するといったことも可能です（☞44ページ）。

# デジタルマーケティングではこんな仕事をする

## ホームページの起ち上げからリピーターづくりまで

それでは、デジタルマーケティングでは、具体的にどんな仕事をするのでしょうか。

デジタルマーケティングではよく、「集客」「接客」「追客（ついきゃく）」という考え方をします。

**集客**は、より多くのユーザーにＷｅｂサイトなどを訪れてもらうこと、**接客**は、Ｗｅｂサイト内をいろいろ見てもらい、商品の購入などをしてもらうこと、**追客**は、お客にリピーターになってもらうことです。

その区分でいうと、たとえば右の図のような仕事がすべて、デジタルマーケティングの仕事になります。

ただし、そもそも会社に**ホームページ**がない場合は、その起ち上げからがデジタルマーケティングの仕事になります。

また、ホームページがあっても、昔ながらの会社概要を載せただけのホームページだったりした場合は、ホームページのリニューアルからがデジタルマーケティングの仕事です。

## ＳＭＭからリターゲティング広告まで

具体的に見ると、たとえば集客の段階の目的は、とにかくサイトに来てもらうことになります。そのために行なうのが、検索結果の上位に表示されるような施策や、他のメディアへの広告の出稿（広告を出すこと）です（☞４章）。

また、ＳＮＳを使ったマーケティングも通常、この集客の段階で利用します。自社のアカウントで魅力的な内容を投稿し、投稿に貼

### デジタルマーケティングの仕事の例

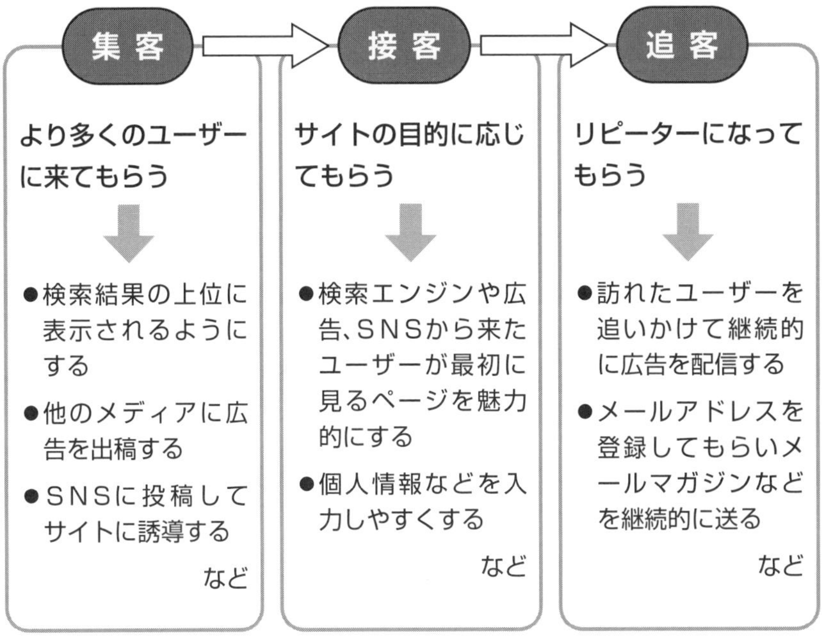

集客
より多くのユーザーに来てもらう
●検索結果の上位に表示されるようにする
●他のメディアに広告を出稿する
●SNSに投稿してサイトに誘導する
など
接客
サイトの目的に応じてもらう
●検索エンジンや広告、SNSから来たユーザーが最初に見るページを魅力的にする
●個人情報などを入力しやすくする
など
追客
リピーターになってもらう
●訪れたユーザーを追いかけて継続的に広告を配信する
●メールアドレスを登録してもらいメールマガジンなどを継続的に送る
など


ったリンクから自社のサイトに誘導するわけです。これを「**SNSマーケティング**」とか「**SMM（ソーシャルメディアマーケティング）**」といいます。

接客の段階では、最初が肝心です。最初に見るページを工夫して、ユーザーが目的のページに素早くたどり着けるようにしたり、興味を持って別のページに飛んでもらえるようにします（☞96ページ）。

個人情報を入力してもらう場合は、面倒くさくならないように、簡単にできるような工夫も大切です（☞98ページ）。

リピーターになってもらう、追客の段階では、一度訪れたユーザーを追いかけて、ユーザーがその後、閲覧するページに継続的に広告を配信するしくみ（リターゲティング広告☞134ページ）などを利用します。

「メールマーケティング」も、追客に効果的です（☞68ページ）。

# 分析とレポートが デジタルマーケティングのかなめ

## 測定されたデータから分析を行なう

集客・接客・追客のどの段階でも、実施したマーケティング施策の効果や、費用対効果が数値として示されます。デジタルマーケティングでは、その分析がきわめて重要です。

というのは、デジタルマーケティングに限らずマーケティング全般でも、課題解決の基本は**PDCAのサイクルを回す**ことです。

測定されたデータの分析は、サイクルのうちCheckの段階にあたりますが、デジタルマーケティングではその基になる測定データが簡単に、具体的な数値として示されるという特長があります。PDCAサイクルのかなめになるといってもいいでしょう。

一般的なPDCAのサイクルでは、このCheckの段階がかなり主観的なものになってしまうケースもあるのです。

**【PDCAサイクル】** Plan（計画）→Do（実行）→Check（評価）→Action（改善）……を繰り返すことにより課題を解決し、改善していく手法。生産管理や品質管理などのほか、現在ではあらゆる業務で利用される。

分析を行なった結果はきちんと記録を残し、たとえば会社のデジタルマーケティング担当といった立場なら、レポートを提出しておくことも大切です。この分析とレポートは、定期的に行なう必要があります。

## 改善案の検証もそもそもの目標も数値で行なえる

デジタルマーケティングのPDCAサイクルでは、Actionもスピ

## デジタルマーケティングのPDCAサイクル

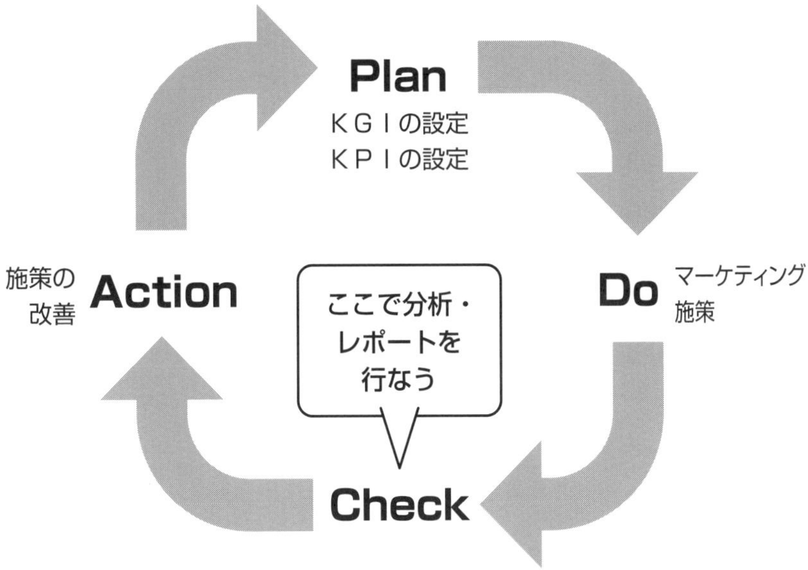


**Check!**
Checkの段階の分析とレポートが
デジタルマーケティングのかなめになる

ーディです。Actionの段階では、分析の結果から原因の「仮説」を立て、改善案を立案して実施し、「検証」することが必要ですが、そのすべてがデジタルマーケティングではスピーディだからです。

改善案の検証にしても、測定されたデータの数値から行なうことができるので、明確で正確なものになります。

その数値は、そもそものPlanから数値目標として立てることが可能です。

というよりデジタルマーケティングでは、成約件数などの数値目標を定め、それを達成するための指標を決めておくことが普通です。これをそれぞれ「ＫＧＩ」「ＫＰＩ」といいます（☞84ページ）。

# 08 デジタルマーケティングでは こんなことができる

## リアル店舗でもデジタルマーケティングが使える

これまでの話で、デジタルマーケティングはネットショップなどで効果的というイメージを抱いたかもしれません。しかし実は、デジタルマーケティングはリアル店舗でも使えます。

22ページの集客・接客・追客の区分でいえば、接客はリアル店舗でしかできないとしても、集客と追客にはデジタルマーケティングが使えるからです。

デジタルマーケティングでできることをまとめてみると、右の図のようになりますが、実際に自社の顧客になってもらうこと以外は、リアル店舗外のオンラインでもできることがわかります。

右の図で「見込み客」とは、いつか自社の顧客になってくれる可能性があるお客のことです。自社の商品を必要としないなど、顧客になる可能性がないお客は「**潜在顧客**」といいます。

ちなみに、見込み客は2段階に分けるのがマーケティングの考え方です。潜在顧客を見込み客にする段階と、その後、継続的な情報提供などを続けて、見込み客を育成する段階に分けて考えます。

見込み客は「リード」と呼ぶので、それぞれ「**リードジェネレーション**」「**リードナーチャリング**」といいます。

**【リードジェネレーション（創出）・リードナーチャリング（育成）】**スペルはlead generation, lead nurturing。

## オンラインからオフラインへ

オンラインのデジタルマーケティングから、オフラインのリアル

デジタルマーケティングでできること②

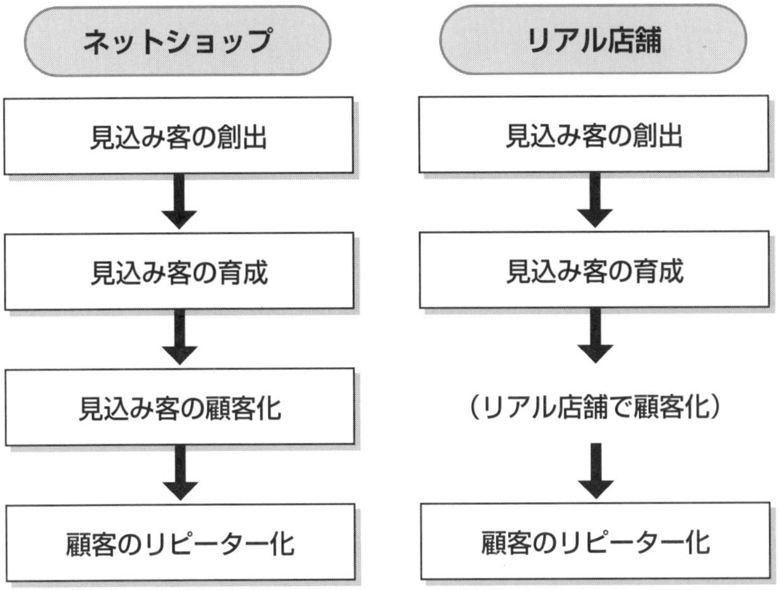


店舗に誘導する施策を「Ｏ２Ｏ」（オー・ツー・オー）といいます。「Online to Offline」の略です。

Ｏ２Ｏの具体的な方法としては、たとえばＷｅｂ上でのクーポンの配信などがあります。来店したお客が、スマホの画面でクーポンを提示すると、割引が受けられたり、ノベルティグッズがもらえたりするという、おなじみのものです。

## オフラインからオンラインへ

Ｏ２Ｏは、オフラインからオンラインへの誘導にも利用できます。たとえば、来店したお客にメールアドレスを登録してもらえば、それ以降はメールマガジンでセールのお知らせを配信したり、登録会員限定のクーポンを配信することなどが可能です。

このようにして、リアル店舗に来店した顧客を、デジタルマーケティングによってリピーター化することもできます。

# スマホ時代の「オムニチャネル」の考え方

## オムニチャネルはチャネルを区別しない

デジタルマーケティングとリアル店舗に関して、知っておきたいのが「**オムニチャネル**」というマーケティング戦略です。

「オムニ」とは「すべて」の意味。オムニチャネルでは、こちらがリアル店舗、こちらはＥＣサイトと区別せず、どのチャネルでも同じ買い物ができるようにします。

**【チャネル】**情報やモノが流れる経路のこと。マーケティングでは、「コミュニケーションチャネル」「販売チャネル」「流通チャネル」という３つのチャネルを考える。

## スマートフォンとＳＮＳで購買行動が多様化した

オムニチャネル以前は、リアル店舗とは別にネット通販などを始めて、顧客との接点であるチャネルを増やすという考え方の「**マルチチャネル**」戦略がありました。

しかしマルチチャネルでは、店舗は在庫の山なのにネットでは品切れといった、非効率な事態が起こります。そこで、複数のチャネルの販売管理や顧客管理などを統合する「**クロスチャネル**」戦略が生まれました。

ところが、スマートフォンやＳＮＳが爆発的に普及すると、消費者の購買行動はさらに多様化し、以前はとても考えられなかったような行動をとる消費者もあらわれます。なかには、リアル店舗で試着などして商品を選び、その場でＥＣサイトを検索して、スマホで購入するといった消費者まであらわれました。いわゆる「**ショール**

**オムニチャネルとはどういうマーケティング戦略か**

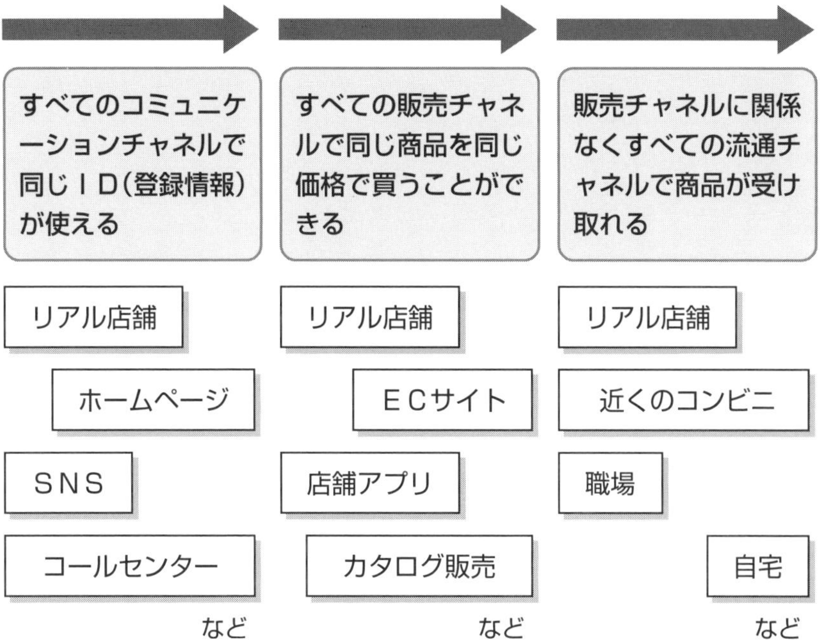
すべてのコミュニケーションチャネルで同じＩＤ(登録情報)が使える
リアル店舗
ホームページ
ＳＮＳ
コールセンター
など
すべての販売チャネルで同じ商品を同じ価格で買うことができる
リアル店舗
ＥＣサイト
店舗アプリ
カタログ販売
など
販売チャネルに関係なくすべての流通チャネルで商品が受け取れる
リアル店舗
近くのコンビニ
職場
自宅
など

ーミング」、リアル店舗のショールーム化です。

すべてのチャネルで、同じ商品を同じ価格で、チャネルを意識せずに買えるしくみが必要とされたのです。

**【店舗アプリ】** スマホにインストールして利用する。商品の購入、店舗からのお知らせ、ポイントの付与・利用などの機能がある。

## どこでも同じＩＤで同じ買い物ができる

オムニチャネルではまず、すべてのチャネルで顧客のＩＤ＝連絡先・決済方法・ポイント残高などの登録情報を使えるようにします。

販売チャネルはどこでも、同じ商品、同じ価格ですから、そのときどきで都合のよいチャネルを選ぶことができます。

さらに、チャネルに関係なく、受け取る場所が選べると完璧です。

# デジタルマーケティングは「PESOメディア」で

## メディアを４つに分類して考える

デジタルマーケティングは、さまざまなメディアを駆使しますが、その際に活用したいのが「**PESOメディア**」の考え方です。アナログのメディアも含めて、メディアをＰ・Ｅ・Ｓ・Ｏの４つに分類し、それぞれの特徴に応じた使い方を考えるものです。

以前は「**トリプルメディア**」として、３つに分類されていたものですが、これもＳＮＳの爆発的な普及を原因として、一部が分離独立し４つの分類になりました。

**【PESOメディア】**「Paid Media」「Earned media」「Shared media」「Owned media」の４つ。

## ４つのメディアが連携して目標を達成することが大切

第一のＰは「**ペイドメディア**」です。従来、ネットなどのデジタルメディアと対立的に考えられていたマスメディアも、PESOメディアの分類ではペイドメディアになります。

費用をペイ＝支払って利用するメディアで、コストがかかる反面、不特定多数の消費者に、思いどおりの訴求ができる点が特徴です。

第二のＥは「**アーンドメディア**」です。アーンドは「信用を得る」といった意味で、いわゆるパブリシティや企業ブログなどが中心になります。

どう取り扱うかは相手次第なので、こちらからコントロールできない点がデメリットですが、広告費などのコストがかからない点はメリットです。

### PESOメディアは4つに分類して考える

**P**

**ペイドメディア**

ネット広告、ＳＮＳ広告、テレビ・ラジオ・新聞・雑誌広告　など

**E**

**アーンドメディア**

テレビ・ラジオ・新聞・雑誌等へのパブリシティ、企業ブログ　など

**S**

**シェアードメディア**

ＳＮＳ、個人ブログ、オフラインの口コミ　など

**O**

**オウンドメディア**

会社のホームページ、会社のＳＮＳアカウント、メールマガジン　など

**【パブリシティ】**製品や会社についての情報をメディアに提供し、記事やニュースにしてもらうこと。「パブ」と略していうこともある。

第三のＳは「**シェアードメディア**」。トリプルメディアから独立したのは、このメディアです。会社からはまったくコントロールがききませんが、よい情報が拡散すると絶大な効果があります。

第四のＯ＝「**オウンドメディア**」は、会社が所有（オウンド）し、情報を発信するメディアです。所有のコストはかかりますが、内容は自由にコントロールできます。

PESOメディアの考え方では、ネットもマスも、アナログもデジタルも、対立するものとしてとらえるのではなく、連携してマーケティング目標を達成することが大切です。

11 Digital marketing

# デジタルにとどまらない デジタルマーケティング

## カタカナ用語やアルファベット略語に慣れよう

ここまでの話をまとめてみましょう。右の図をご覧ください。これまでの話を一覧にしたものです。

たとえば集客の段階で、検索エンジンの上位に表示されるための施策は、正確な用語としては「ＳＥＯ（**検索エンジン最適化**）」といいます。

この図では、以下同様にこれまでの話を、デジタルマーケティングの正確な用語で表記しました。

接客の段階のＬＰＯは、ユーザーが最初に見るページを魅力的でわかりやすいものにする施策、ＥＦＯはユーザーが入力するフォームを簡単に、わかりやすいものにする施策です。

これらの用語は、このまま読み進めても、いずれその用語の解説にたどり着きますが、気になる用語があったら、ここでいったんジャンプして読んでもかまいません。

マーケティングでは、カタカナ用語やアルファベットの略語が多いので、ここまではできるだけそれを使わずに説明してきました。しかし、いずれはそれらの用語を使わざるを得ないので、ここで紹介しておきます。

最初は、なじみにくいかもしれませんが、重要な用語や略語はそれほど多くはありません。読み進めていくうちに、慣れてくるはずです。

## アナログやオフラインのメディアも利用する

前項で説明したマスメディアへの広告出稿は、通常、集客の段階

**デジタルマーケティングのあらまし**

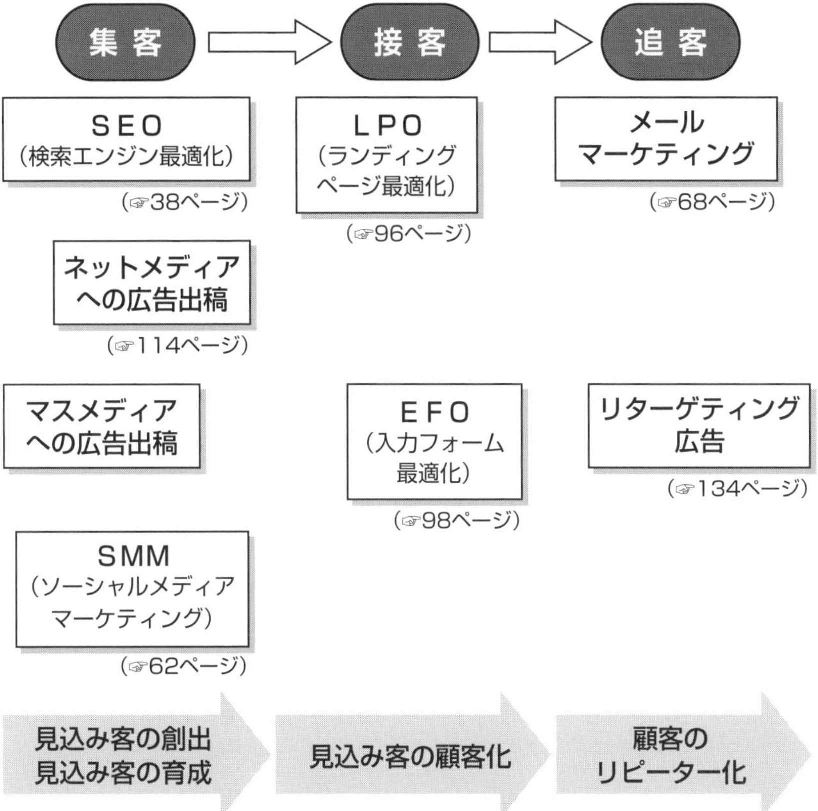


の施策として用いられます。マスメディアは一般的に、「デジタル」ではない場合が多いですが、そこに広告を出稿することはデジタルマーケティングの一部です。

テレビＣＭや新聞広告などで、「詳しくは○○で検索」というのを見たことがあるでしょう。あれが、オフラインからオンラインへの誘導になっているわけです。

広告ではなくパブリシティの場合でも、番組や記事中でＵＲＬなどを紹介してもらえれば、オフラインからオンラインへの誘導ができます。

これらを総称して「**オフライン施策**」と呼ぶこともあります。

デジタルマーケティングは４つのデジタルを駆使するマーケティングですが、その施策はデジタルにとどまらず、アナログも利用するのです。

## 見込み客の創出から顧客のリピーター化まで

前ページ図の下に付け加えておきましたが、通常、集客の段階では、見込み客の創出と見込み客の育成が行なわれます。そのために利用するのが、ＳＥＯ（検索エンジン最適化）や、マスメディア・ネットメディアへの広告出稿などです。

接客の段階では、うまくいけば、見込み客の顧客化ができます。そのためにはＬＰＯ（ランディングページ最適化）や、ＥＦＯ（エントリーフォーム最適化）で、サイトを魅力的でわかりやすいものにすることが必要です。

追客の段階では、顧客のリピーター化をねらいます。そのためには、メールマガジンやリターゲティング広告などが効果的でしょう。

以上が、デジタルマーケティングのあらましです。それでは次章から、それぞれの内容を具体的に見ていくことにしましょう。

# 2章

## 日々進化する
## デジタルマーケティングのいろいろ

12 Digital marketing

# それは「Ｗｅｂマーケティング」から始まった

## 1994年、世界で最初のＷｅｂ広告が

デジタルマーケティングの代表は何といっても、狭い意味の「**Ｗｅｂマーケティング**」——Ｗｅｂサイトを中心に置いたマーケティングです。

その歴史は古く、1994年にはアメリカでＷｅｂ上の雑誌に、今日でいうバナー広告（☞116ページ）が掲載されたという記録が残っています。20年以上の歴史があるわけです。

長い歴史があるだけに、Ｗｅｂマーケティングではさまざまな施策や技術も確立されています。

## Ｗｅｂマーケでは企業や商品の「ブランディング」も

前項で見たデジタルマーケティングのあらましを、Ｗｅｂマーケティングの視点から書き直してみると、右の図のようになります。

Ｗｅｂサイトを訪れる人を「**訪問者**」といいますが、集客の段階の目的は訪問者の数、すなわちアクセス数を増やすことです。

訪問者が入ってくることを「**流入**」といいますが、Ｗｅｂサイトへの流入の経路は主に、「検索エンジン」「広告」「ソーシャルメディア」の３つになります。

検索エンジンからの流入では、ＳＥＯのほか、質のよい企業ブログの提供なども効果的です（☞54ページ）。

接客の段階では、ＬＰＯやＥＦＯが重要になります。この段階の目的は、Ｗｅｂサイトの目的＝コンバージョンを増やすことだからです（☞92ページ）。しかし同時に、企業や商品のブランドイメージを高めること＝「**ブランディング**」も大きな目的になります。

## Ｗｅｂマーケティングのあらまし

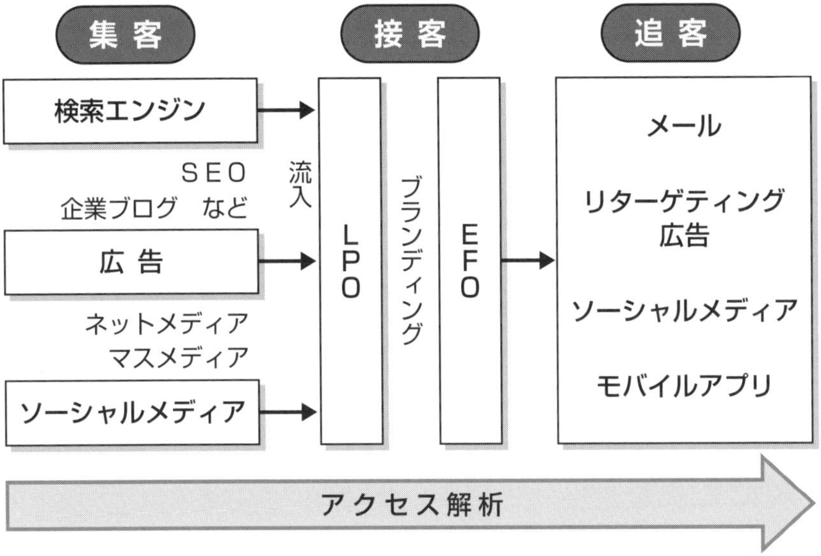


Ｗｅｂサイトでは広告などと異なり、まとまった情報を提供できるためです。

**【ブランディング】** 特定の商品やサービスが、ロゴやマーク、デザインなどで消費者に識別されているとき、その商品やサービスを「ブランド」という。消費者に、そのような識別を促す施策がブランディング。

追客の段階では、メールやリターゲティング広告に加えて、ソーシャルメディアや、近年はモバイルアプリの活用も盛んになっています（☞66ページ）。

そして、全体に共通して欠かせないのが、訪問者の分析――すなわち「**アクセス解析**」です。Ｗｅｂマーケティングでは、施策の効果などをすべて、自動的に、数値で見ることが可能ですから、アクセス解析の結果は、すぐに活かすことができます（☞60ページ）。

# 13 「ＳＥＯ（検索エンジン最適化）」で訪問者を増やす

## ＳＥＭ（サーチエンジンマーケティング）とは

一般的にいって、Ｗｅｂサイトに流入する訪問者の、かなりの割合が検索エンジン経由です。Ｗｅｂサイトをより多くの人に見てもらう——訪問者を増やすには、検索エンジンに対する施策が欠かせません。

これを「**ＳＥＭ**（サーチエンジンマーケティング）」といいます。

ＳＥＭは大きく分けて、**ＳＥＯ**（**検索エンジン最適化**）と**検索連動型広告**に分けられます。検索連動型広告とは、検索結果のいちばん上に「広告」と明記して表示される広告のこと、いわゆるリスティング広告です（☞46ページ）。

ところで、「**自然検索**」という用語をご存じでしょうか。自然検索とは、Googleなどでフツーにググったときに表示される、広告以外の検索結果のことです。「ナチュナルリサーチ」「オーガニックリサーチ」ともいいます。

わざわざ自然検索などと呼ぶのは、リスティング広告も検索の一種だからです。出稿を申し込んでいる広告のキーワードを検索して表示しているわけで、「**ペイドリスティング**」ともいいます。

自然検索の結果に表示されても、料金はかかりませんが、リスティング広告がクリックされると広告料金が発生します。

## 上位に表示されないと訪問者がこない

そこでＳＥＯですが、これはたびたび出てきたように「検索エンジン最適化」と訳されています。要するに、Googleなどで検索し

## D　ＳＥＯ（検索エンジン最適化）とは

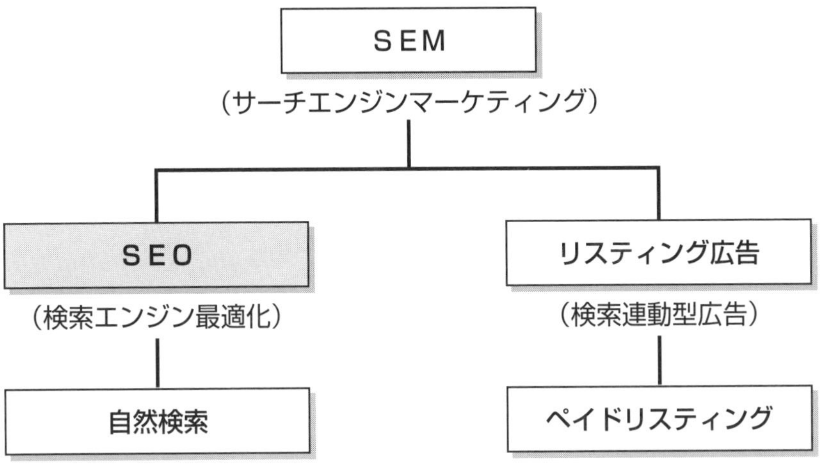


**Check!**

**検索エンジン対策としてはＳＥＯによって「自然検索」の上位に表示されることが重要**

たときに、検索結果の上位に表示されるための施策です。

**【Optimization】** ＳＥＯはSearch Engine Optimizationの略。Optimizationは「適正化」「最適化」などの意味。ＬＰＯのＯ、ＥＦＯのＯもOptimization。

自分が検索したときのことを思い出せば、検索結果の上位に表示されることの重要性がわかるでしょう。たいていの人は、せいぜい検索結果の１ページ目しか見ず、２ページ目に進んで見る人はまれです。

しかも上から順に見ていくので、上位にあればあるほど、見てクリックしてもらえる＝訪問してもらえる可能性が高くなります。

このようなことからＳＥＯは、Ｗｅｂマーケティングで最も重視されてきた施策のひとつです。

# どうすればＳＥＯで訪問者を増やすことができるか

## 検索結果の上位に表示される基本的な方法

検索結果の上位に表示されるために、具体的にはどんな方法があるのでしょうか。

ＳＥＯが開発された当初は、わりと単純な方法がとられていました。たとえば、「キーワードが登場する回数を多くする」「Ｗｅｂページ全体の文字数を多くする」「外部のＷｅｂページに貼られているリンクを多くする」などです。

実際、それらの方法で表示の順位が上がることもありました。

しかし、検索エンジンが表示する順位を決める方法（検索エンジンのアルゴリズム☞50ページ）が改良され、現在では小手先の方法がほとんど通用しなくなっています。

とはいえ、最も基本的なことに関しては、アルゴリズムが変わっても変わらないものです。現在でも通用する、表示順位が上がる方法の例をあげてみると、右の図のようになります。

なお、より正確な説明をすると相当に技術的な話になるので、ここではごく大ざっぱな表現をしていることをお断わりしておきます。

## 何よりもユーザーに読まれる内容にすること

まず、**キーワードの選択**が重要です。ユーザーが検索しそうなキーワードを選ぶと検索される機会は増えますが、上位に表示されるとは限りません。競争相手のＷｅｂサイトが多くなるからです。

かといって、あまり検索されないキーワードを選ぶと、検索されたときには上位に表示されるかもしれませんが、検索される機会自

## 検索結果の上位に表示される方法の例

①ユーザーに検索されやすく、競争相手のＷｅｂサイトが少ない検索キーワードを選ぶ

②キーワードは本文だけでなく、タイトルなどにも入れる

③検索エンジンが推奨するＷｅｂページの約束事を守る

④キーワードに関係が深い内容のページ数を多くする

⑤キーワードを検索したユーザーが、興味深く読めるような内容のページをつくる

体が少ないか、まったく検索されなくなります。

これを避けるためには、そもそもＷｅｂページで発信する内容から十分に吟味して、適切なキーワードを選ぶことが必要です。

次に、キーワードはＷｅｂページのタイトルなどに入れます。本文よりタイトルにあったほうが、評価が高いからです。

また、Googleなどは推奨するＷｅｂページの設定を定めて、公開しています。いわばＷｅｂページの約束事です。これを守ることも評価を高くします。

さらに、Ｗｅｂページのページ数自体も、多いほうが高評価です。ただし、キーワードに無関係のページはだめです。関係が深い内容で、ページ数を多くすることが必要になります。そして何より、それがユーザーに読まれることが重要です。

# リアル店舗があるなら MEO（地図エンジン最適化）

## 検索エンジンの地図に表示されるようにする

ＳＥＯと似たものに「**ＭＥＯ**」があります。Mはマップの頭文字、つまり「**地図エンジン最適化**」です。

検索エンジンで地名と業種、たとえば「渋谷　書店」などと検索した場合、いちばん上に地図が表示され、店舗の場所が地図上に、続いて店舗の営業時間などの情報が表示されます。

検索エンジンに位置情報の利用を許可しておくと、地名なしの検索でも表示されます。ここに表示されるようにしようというのがＭＥＯです。

表示されるのは３、４軒で、すべての店舗が表示されるわけではありません。ですから、表示されやすくする施策、ＭＥＯが必要になるのです。

## Googleマイビジネスに登録する

地図に表示されやすくするには、まず店舗のＷｅｂサイトのタイトルに、地名を入れておくことです。たとえば「渋谷の○○書店」などのタイトルにしておきます。

次に、「Googleマイビジネス」に登録しておくことも重要です。

**【Googleマイビジネス】** 会社や店舗の情報を登録しておくと、Google検索やGoogleマップなど、Googleのさまざまなサービスで情報を表示させることができるツール（無料）。

### 検索エンジンの地図に表示されるしくみ

位置情報の利用を拒否 → 「地名 業種」で検索

位置情報の利用を許可 → 「業種」で検索

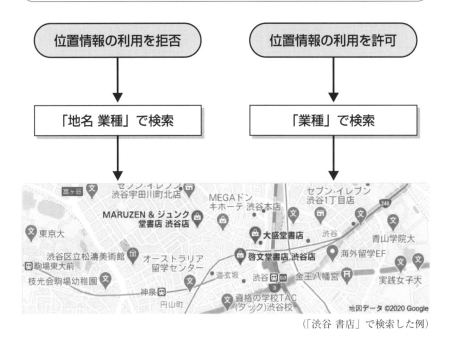

(「渋谷 書店」で検索した例)

Googleマイビジネスでは、会社名や所在地などのほか、店舗の写真も登録することができます。登録した写真が、検索結果の画面に所在地などの文字情報とともに表示されるわけです。

ただし、自社のWｅｂサイトのように、店舗名などの前に地名を付けることはできません。

## 口コミの評価をよくする

Googleマイビジネスには「**レビュー**」という、ユーザーが口コミを書き込む機能があります。このレビューの評価も、地図に表示される順位に反映されます。

さらに、ぐるなび、食べログといった店舗の情報を集めたWｅｂサイトの評価も順位に影響するそうです。地図に表示されるためには、こうした口コミの評価をよくしておく必要があります。

# 「位置情報連動型広告」でリアル店舗に集客する

## スマートフォンの位置情報を利用して配信する

ＭＥＯでさまざまな施策を講じても、実際に地図に表示されるのは３、４軒ですから、かなりハードルは高いといえます。そこで、地図の代わりに利用できるのが、スマートフォンの位置情報をもとに広告を配信する方法です。

「**位置情報連動型広告**」といいます。

位置情報の取得には、スマホのキャリアが提供する基地局情報や、接続したWi-Fiスポット情報なども利用されるので、スマホのＧＰＳが使えない場合でも広告の配信が可能です。

## 近くの店舗やイベントを配信する「リアルタイム方式」

位置情報連動型広告には、２つのタイプがあります。

ひとつは、いまいる（スマートフォンがある）位置に対して、リアルタイムに広告を配信するタイプです。「**リアルタイム方式**」といいます。

リアルタイム方式では、街なかを移動中に目の前にある店舗や、イベントなどの広告が配信されたりするので、うまくはまると、まるで自分のために、配信された広告のような気にさせることが可能です。

リアルタイム方式の位置情報連動型広告は、意外に古くからあり、スマホの普及が急激に進んだ2010年代の前半に、一度、注目を集めたことがあります。

**位置情報連動型広告の2つのタイプ**

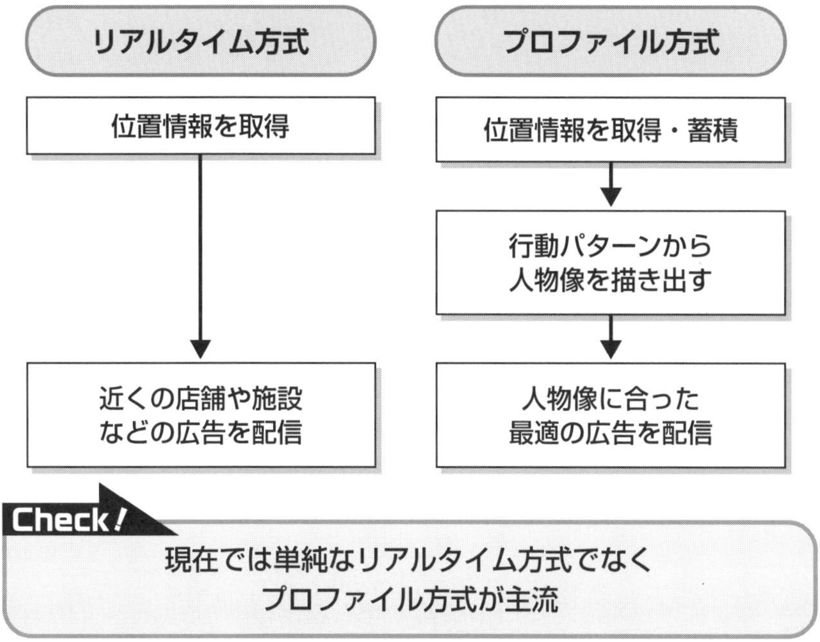
リアルタイム方式
位置情報を取得
近くの店舗や施設などの広告を配信
プロファイル方式
位置情報を取得・蓄積
行動パターンから人物像を描き出す
人物像に合った最適の広告を配信
Check!
現在では単純なリアルタイム方式でなくプロファイル方式が主流

## 人物像を描いて最適の広告を配信する

もうひとつの位置情報連動型広告は、「**プロファイル方式**」といいます。いまいる位置ではなく、いる位置の情報を蓄積し、線で結んで行動パターンを割り出し、そこから人物像（プロファイル）を描いて、最適の広告を配信するというものです。

たとえば、自宅は川崎で、職場は東京駅近く、週５日勤務で、ランチは外食、休日は横浜でショッピング、といった人物像を描きます。ここまで推測できれば、適した広告を配信するのはむずかしくないでしょう。

配信を受けた側も、通勤経路にある施設や、平日のランチ、休日のショッピングに行ける範囲のお店など、自分に合わせた広告と感じるはずです。現在の位置情報連動型広告は、プロファイル方式が主流になっています。

# 「検索連動型広告」で Ｗｅｂサイトの訪問者を増やす

## もうひとつの柱、「検索連動型広告」

話を検索エンジンに戻しましょう。

検索エンジンのマーケティング＝サーチエンジンマーケティングでは、Ｗｅｂサイトの訪問者を増やすＳＥＯと並んで、「**検索連動型広告**」がもうひとつの柱です（☞38ページ）。

位置に関するマーケティング施策に、ＭＥＯと位置情報連動型広告があるように、検索エンジンに関するマーケティング施策には、ＳＥＯと検索連動型広告があるわけです。

## 指定したキーワードが検索されると表示

検索連動型広告は、前にも少しふれたように、検索エンジンである語句を検索したときに、いちばん上に表示される「広告」と明記された部分です。

いわゆるリスティング広告ですが、リスティング広告にはコンテンツ連動型広告も含まれるので、ここでは混乱を避けるために検索連動型広告と呼びます（☞122ページ）。

検索連動型広告を出稿するときは、広告主が検索キーワードを指定する決まりです。指定したキーワードが検索されると、広告が表示されるしくみになっています。

広告がクリックされると、リンク先のＷｅｂページが表示されますが、これも広告主の指定です。

広告費はほとんどの場合、このクリックの段階で課金されます。この課金方式は、ＰＰＣ＝ペイパークリックと呼ばれています（☞

## 検索連動型広告のしくみ

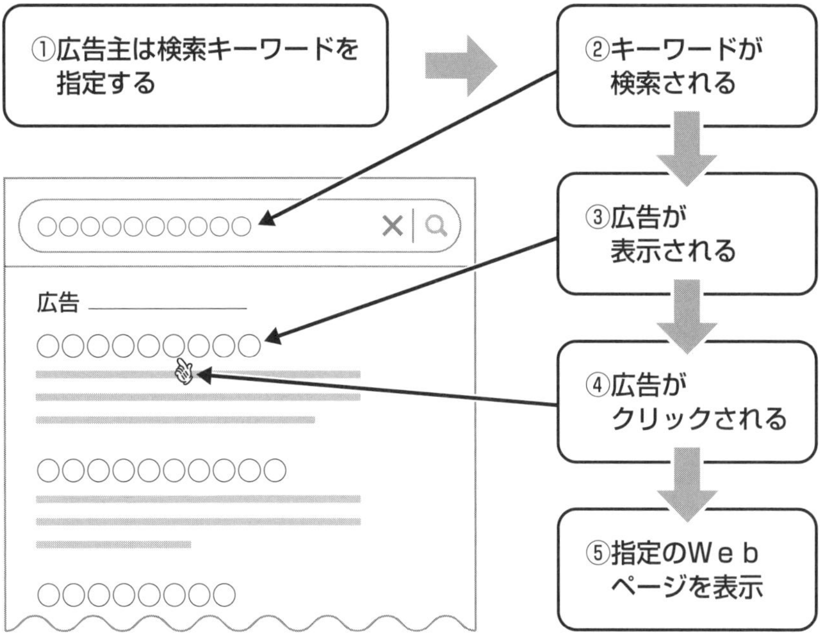


118ページ）。

### 複数の広告主がいるときはオークション

ところで、同じ検索キーワードを、複数の広告主が指定していた場合はどうなるのでしょうか。実はそのつど、オークションを行なっているのです。

広告主は出稿するときに、１クリック当たり何円の広告費を支払うかを指定しておきます。その単価が高いほうが、表示順位の上位になるわけです。

ただしGoogleでは、単純に入札単価だけで決めるのではなく、検索キーワードとリンク先のＷｅｂページの関連性の深さなども考慮されているそうです。検索連動型広告も検索の一種なので、ユーザーに、より有益な広告を表示するようにしているわけです。

# 18 検索連動型広告で訪問者を増やす「検索キーワード」とは

## ユーザーが入力する検索ワードは「検索クエリ」

検索連動型広告では広告主は、検索キーワードと、クリックされたときに表示するＷｅｂページ、それにオークションになったときの入札単価を指定します。

ほかに、広告費が莫大にならないよう、月額の上限なども設定できますが、いずれにしても、広告主が指定するなかで最も重要なのが「**検索キーワード**」です。

指定する検索キーワード次第で広告の効果、すなわちＷｅｂサイトの訪問者の数は大きく変わります。

実は、検索連動型広告の場合、「検索キーワード」という用語は、広告主が指定するキーワードにだけ使われる用語です。

ユーザーが、検索をするために入力する語句やフレーズは、「**検索クエリ**」といいます。「クエリ」とは、英語で質問や問い合わせを意味する言葉です。

検索クエリと検索キーワードが一致したときに、検索連動型広告が表示されるわけです。検索連動型広告では、検索クエリと検索キーワードが明確に区別されています。

## 検索クエリにも３つの種類がある

検索クエリはまた、３つに分類することが可能です。「**案内型クエリ**」「**取引型クエリ**」「**情報型クエリ**」の３つです。それぞれ「ナビゲーションクエリ」「トランザクションクエリ」「インフォメーショナルクエリ」ということもあります。

## 「検索キーワード」「検索クエリ」とは

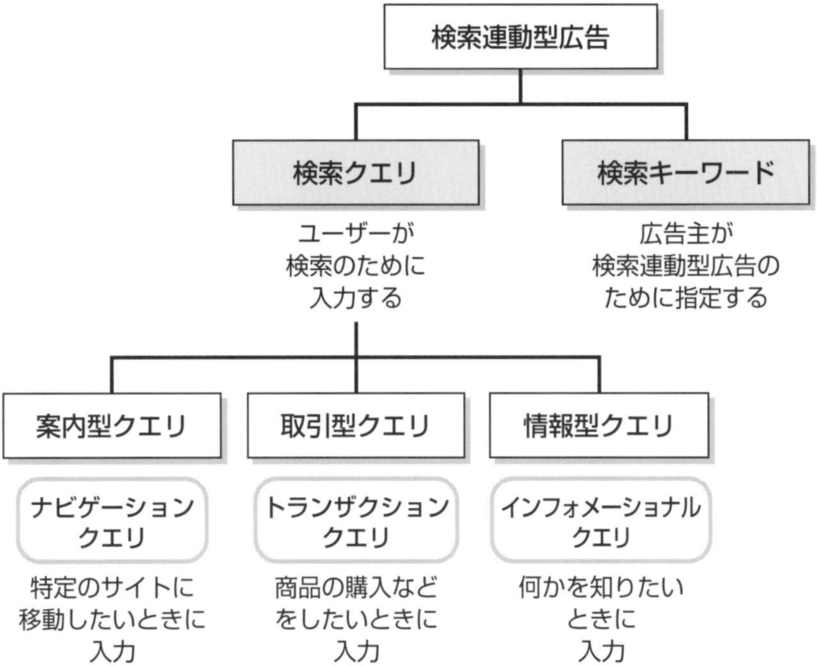


**Check!**

**広告主が指定するのが検索キーワード。**
**ユーザーが検索のために入力するのが検索クエリ**

案内型クエリは、ユーザーが知っている特定のサイトに行きたいときに、検索エンジンで検索して、サイトを探すためのクエリです。

取引型クエリは、商品の購入などをしたいときに、商品名などで検索して、販売しているサイトを探す場合などに入力します。

情報型クエリは、ユーザーが何かを知りたいときに、その語句や関連する語句を入力して、情報を得るためのものです。

これに対して、広告主が広告のために指定するのが「検索キーワード」というわけです。

# 19 改良され続ける「検索エンジンのアルゴリズム」

## 検索結果の順位はどうやって決めているのか

次に広告ではなく、自然検索（☞38ページ）のほうに注目してみましょう。自然検索の、検索結果上位に表示されるようにするのがＳＥＯ施策なのでした（☞38ページ）。

では、検索エンジンはどうやって、表示する順位を決めているのでしょうか。これは、耳慣れない用語かもしれませんが、「**検索エンジンのアルゴリズム**」と呼ばれています。

**【アルゴリズム】** 問題を解決するための考え方や手順のこと。コンピュータのプログラムを記述するときに、その基になる考え方や手順を指してアルゴリズムということが多い。

検索エンジンのアルゴリズムは、一貫して公表されていません。ＳＥＯを行なう人や会社は、アルゴリズムを推測して、いろいろな施策を試してみるしかないわけです。

## 検索エンジンのアルゴリズムとＳＥＯのイタチごっこ

前にもお話ししたように、初期のアルゴリズムは比較的単純だったので、「キーワードが登場する回数を多くする」「外部に貼られているリンクの数を多くする」といった、簡単なＳＥＯが行なわれていました。

しかし、検索エンジンのアルゴリズムは改良され続けます。Googleのアルゴリズムは、2010年代の前半だけでも３回の大きなアップデートがあったといわれています。

## ＳＥＯで参考にされる「Googleが掲げる10の事実」

1．ユーザーに焦点を絞れば、他のものはみな後からついてくる。
2．１つのことをとことん極めてうまくやるのが一番。
3．遅いより速いほうがいい。
4．ウェブ上の民主主義は機能する。
5．情報を探したくなるのはパソコンの前にいるときだけではない。
6．悪事を働かなくてもお金は稼げる。
7．世の中にはまだまだ情報があふれている。
8．情報のニーズはすべての国境を越える。
9．スーツがなくても真剣に仕事はできる。
10．「すばらしい」では足りない。

※原典には10項目それぞれについて説明文が付いている。興味がある人は「Googleが掲げる10の事実」で検索してみよう。

そのたびに、ＳＥＯの手法は変わらざるを得なくなり、いわばイタチごっこが続いたわけてす。

## 公表されないアルゴリズムと公開されているヒント

検索エンジンのアルゴリズムは、一度として公表されたことがありませんが、ヒントになるものは公開されています。たとえば上図は、ＳＥＯの話でよく引き合いに出される「Googleが掲げる10の事実」です。

たとえば第１項では、Googleがユーザーの役に立つコトやモノを、最重要視していることが見てとれます。第５項などは、モバイルへの対応が重要ということでしょう。

以上のようなヒントを参考に、ＳＥＯは発展してきたわけですが、そのなかからある意味で革新的なマーケティングが生まれてきました。それが「コンテンツマーケティング」です（次項に続く）。

# アルゴリズムにこだわらない「コンテンツマーケティング」

## ひたすら良質なコンテンツを提供する

「コンテンツマーケティング」は、要するに「中身で勝負！」というマーケティングです。実際、「コンテンツ」には中身、少し詳しくいうと「情報の中身」、もっと詳しくいうと「デジタル情報の中身」(デジタルコンテンツ）という意味があります。

**【コンテンツ】**Ｗｅｂページやブログ、ＳＮＳの投稿などの中身のこと。「ハードウェア」「ソフトウェア」「コンテンツ」という区分を考えるとわかりやすい。ハードウェアはたとえはスマートフォン、ソフトウェアはアプリ、コンテンツはそのアプリが提供する情報やサービスになる。

つまり、検索エンジンのアルゴリズムを推測して検索結果上位をねらうより、ひたすらユーザーの役に立つ、良質なコンテンツをつくって提供すればよい、そうすれば結果として、検索結果の順位も上がるというわけです。

## ブログでも動画でも、ＷｅｂでもＳＮＳでも

コンテンツの形は問いません。中身が大事なので、形はブログでも、画像でも動画でも、ダウンロードするＰＤＦでも、何でも利用できます。

メディアもＷｅｂページに限らず、メールでも、あるいはＳＮＳでも利用可能です。自社のＷｅｂサイトを持っていない小さな会社や個人が、ＳＮＳだけで情報発信をしている例も多くあります。

形やメディアに関係なく、とにかくユーザーの役に立つ、良質な

コンテンツマーケティングとは

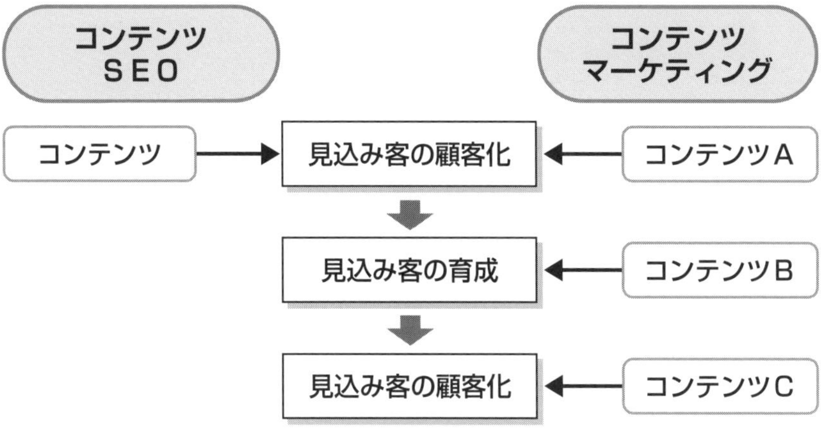


**Check!**

各段階に応じた良質なコンテンツを
継続的に用意し提供し続ける

コンテンツを発信し続ければよいというのが、コンテンツマーケティングの考え方です。

## 見込み客の創出から見込み客の顧客化まで

ただし、コンテンツマーケティングは、検索結果上位だけをめざすわけではありません。検索結果の順位だけをねらうのでは、いわばコンテンツＳＥＯです。コンテンツＳＥＯでは、Ｗｅｂサイトへの流入、つまり見込み客の創出しか期待できません。

コンテンツマーケティングではその先、見込み客の育成と、見込み客の顧客化、場合によっては顧客のリピーター化までを見すえます。そのためには、各段階に応じた良質なコンテンツを用意し、提供し続けることが必要です。

コンテンツマーケティングは、始めるのは比較的簡単ですが、継続してコンテンツを提供し続けることが重要なのです。

# 「企業ブログ」が良質なコンテンツになる

## 個人のブログとは違う「企業ブログ」とは

コンテンツマーケティングの代表的なメディアとして、「**企業ブログ**」があります。会社の社員や経営者が広く社会に向けて、会社の事業分野に関係する情報を発信するものです。「**ビジネスブログ**」ともいいます。

個人の**ブログ**との大きな違いは、専門的な知識にもとづく情報を発信する点です。会社のＷｅｂサイトに掲載していても、社長の日記のようなものは企業ブログとはいえません。

見込み客になりそうな人が知りたい情報を、専門家ならではの知識にもとづいて、わかりやすく解説できれば、その企業ブログは良質なコンテンツになります。

## 簡単に始められて追加の費用もかからない

企業ブログには、いくつかの特長があります。

まず、会社のＷｅｂサイトやＳＮＳ上のアカウントと、発信したいコンテンツがあれば、簡単に始められるということです。

また、ブログで発信したコンテンツは、削除しない限り残りますから、次第に増えていきます。コンテンツが増えて財産になっていくわけです。

コンテンツが増えていくと、その分野の専門家、専門の会社としての評価が高まることも期待できます。ブランディングが可能です。

しかも、自社サイトや自社のアカウントに掲載するブログはオウンドメディアですから、ペイドメディアのように追加の費用が発生

### 企業ブログの長所と短所

**長所**

- **始めるのが簡単** Webサイトとコンテンツがあれば始められる
- **コンテンツが増えていく** 削除しない限り増えて、財産になっていく
- **専門家として評価される** 専門家、専門の会社としてブランディング可能
- **追加のコストがかからない** 広告のような、追加の費用は発生しない

**短所**

- **継続することが不可欠** 更新されないとかえってイメージが悪くなる
- **時間と手間がかかる** 良質なコンテンツほど時間と手間が必要
- **広告のような即効性はない** ユーザーに認知されるまでは忍耐の期間が続く

することもありません（☞30ページ）。

## 時間と手間をかけて継続することが必要

一方、短所は、とにかく継続が不可欠ということです。更新されないブログなどイメージを悪くするだけなので、できる限りひんぱんに更新しなければなりません。

その更新にも、時間と手間がかかります。当たり前の話ですが、専門性の高くてわかりやすい、良質なコンテンツをつくるには時間と手間が必要です。

しかも、時間と手間をかけて更新を続けても、すぐに効果があらわれるとは限りません。ユーザーに認知されるまでには、ある程度の時間が必要です。それまでは、忍耐の期間が続くでしょう。

# 「コンテンツ連動型広告」でサイトに集客することも

## 「コンテンツ連動型広告」とは

コンテンツマーケティングは無理だけど、コンテンツを重視した施策がしたいという場合は、「**コンテンツ連動型広告**」を利用する方法があります。

コンテンツ連動型広告とは、ニュースやブログ、その他さまざまなＷｅｂサイトで、そのサイトのコンテンツの内容と連動して表示される広告です。コンテンツＳＥＯと同様、見込み客の創出につながります（☞53ページ）。つまり、サイトへの集客が可能です。

## 検索連動型と異なりバナーや動画も可

コンテンツ連動型広告では、そのサイトのテキストやタイトルを解析してコンテンツを判断し、関連性の高い広告を表示しています。

検索連動型広告と並ぶリスティング広告の一種ですが（☞122ページ）、検索連動型とは異なり、テキストに加えてバナー、動画なども利用が可能です。表示される位置も検索連動型と異なり、サイトの端や隅になります。

ユーザーが、そのバナーや動画をクリックすると広告主のサイトが表示され、広告料金が発生するＰＰＣ課金です（☞118ページ）。

検索連動型と同様、キーワードを指定しますが、そのほかにも配信する時間帯や、ターゲットの性別・年齢・居住地域などが設定できるという特長があります。

## 広告配信ネットワークを使って配信されている

実際のコンテンツ連動型広告のかなりの部分は、Google広告と、

## コンテンツ連動型広告のしくみ

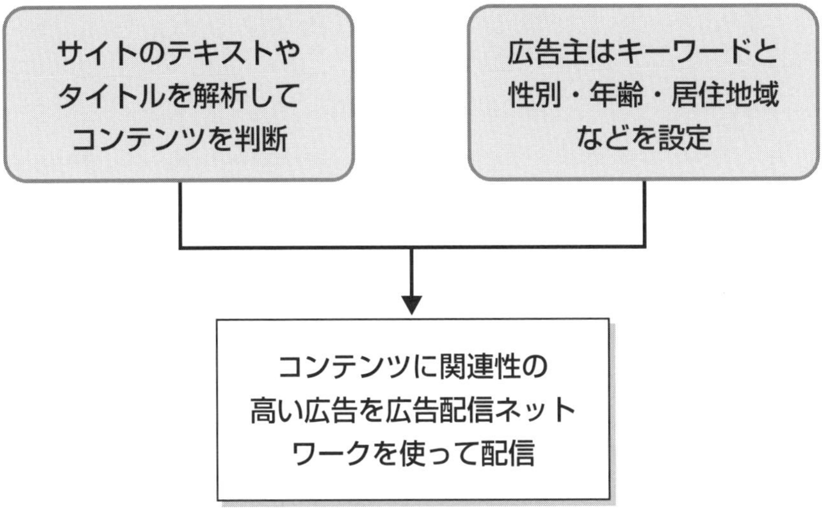
サイトのテキストやタイトルを解析してコンテンツを判断
広告主はキーワードと性別・年齢・居住地域などを設定
コンテンツに関連性の高い広告を広告配信ネットワークを使って配信

**Check!**

**そのWebサイトのコンテンツに関連性が高い広告を配信して集客が可能になる**

Yahoo!広告から配信されています。たとえばGoogle広告の場合、**GDN（Googleディスプレイネットワーク）**という広告配信ネットワークを使い、Googleと提携している200万以上のWebサイトと、65万以上のアプリへの配信が可能です。

ディスプレイとあるのは「**ディスプレイ広告**」のことで、コンテンツ連動型広告はディスプレイ広告の一種に分類されます。

**【ディスプレイ広告】** バナー広告や動画広告など、閲覧中のWebページの一部に広告枠があり、その枠内に表示される広告の総称（☞128ページ）。

後で説明する**リターゲティング広告**（Googleでは**リマーケティング広告**）も、コンテンツ連動型広告の一種です（☞134ページ）。

# 23 外部のコンテンツを活かす「アフィリエイトマーケティング」

## アフィリエイト、アフィリエイターとは

アフィリエイトというと、自分のブログなどに広告を載せて広告料金を稼ぐ人――アフィリエイターに注目が集まりますが、そのアフィリエイターのコンテンツを活用するのが「**アフィリエイトマーケティング**」です。

**【アフィリエイト】広告の課金方式の名前。広告主はあらかじめ、広告の成果を商品の購入、会員登録、Ｗｅｂサイトの表示、バナーのクリックなどと決めておき、その成果が得られたときに料金が支払われる。**

アフィリエイト広告は、日本語では「成果報酬課金型広告」などといいます。

## 広告主とアフィリエイターの間にＡＳＰが入る

アフィリエイト広告では通常、広告主とアフィリエイターの間にアフィリエイトサービス事業者（アフィリエイトサービスプロバイダ＝ＡＳＰ）が入ります。

広告主は、バナー、リンク、テキストなどの広告素材を用意し、アフィリエイトサービス事業者に登録します。

一方、アフィリエイターは、アフィリエイトサービス事業者に登録された広告素材のなかから、自分のメディアに合ったものを探し、広告枠に貼るわけです。

アフィリエイターのメディアとしては、Ｗｅｂページ、ブログ、メールマガジン、ＳＮＳなどがあります。

アフィリエイト広告のしくみ

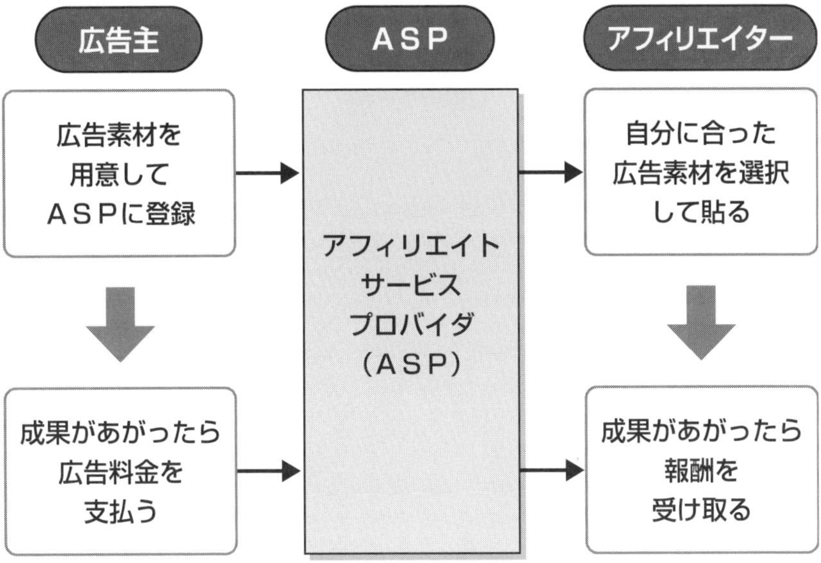
広告主
ＡＳＰ
アフィリエイター
広告素材を用意してＡＳＰに登録
アフィリエイトサービスプロバイダ（ＡＳＰ）
自分に合った広告素材を選択して貼る
成果があがったら広告料金を支払う
成果があがったら報酬を受け取る

**Check!**
広告主から見ると、成果があがったときに広告料金を支払うので費用対効果が高い

## アフィリエイト広告のメリットは何か

広告主にとっては、**関連性が高い**（とアフィリエイターが判断した）**コンテンツに出稿できるうえ、料金は成果があがったときだけ支払えばよい**というのがメリットです。アフィリエイト広告は、費用対効果が高い広告といわれています。

一方、アフィリエイターにとっては、**自分の趣味のブログなどで広告収入が得られる**のがメリットです。フォロワーが増えれば増えるほど、成果の数も増えて広告収入が増えることでしょう。

フォロワーにとっても、**コンテンツと関連性の高い広告が見られる、見たくなければクリックしなければいい**、というのがメリットです。

# 「アクセス解析」で成約件数を増やす

## 接客の段階では成約を増やすことが目的

広告やＳＥＯは、集客の段階の施策ですから、その目的はＷｅｂサイトに流入する訪問者の数を増やすことです。

一方、訪問者がサイトに流入した後、接客の段階では、施策の目的はそのサイトが目的とすること――たとえば商品の購入、会員登録、資料請求などに応じてもらうことになります。

これを「**コンバージョン**」といいますが（☞92ページ）、日本語でいえば要するに「成約」ということです。

その成約を増やすために、行なう施策の代表的なものに「**アクセス解析**」があります。

## 訪問者を分析してサイトの改善に役立てる

アクセス解析では、訪問者の特性や、訪問者のサイト内での行動を分析します。たとえば、右の図にあるようなことを分析するわけです。

そして、指標として、すべて数やパーセンテージの数字であらわし、Ｗｅｂサイトの課題を発見して、問題点を改善するために役立てます。そのための指標については、主に３章で説明します。

具体的には、Googleアナリティクスなど「アクセス解析ツール」と呼ばれるソフトウェアを利用するのが一般的です（☞104ページ）。

## 成約につながるようにサイトを改善する

アクセス解析の目的は、成約の数や割合を高めることです。たとえば、よく見られているページがわかれば、成約につながるように

## アクセス解析では何をするのか

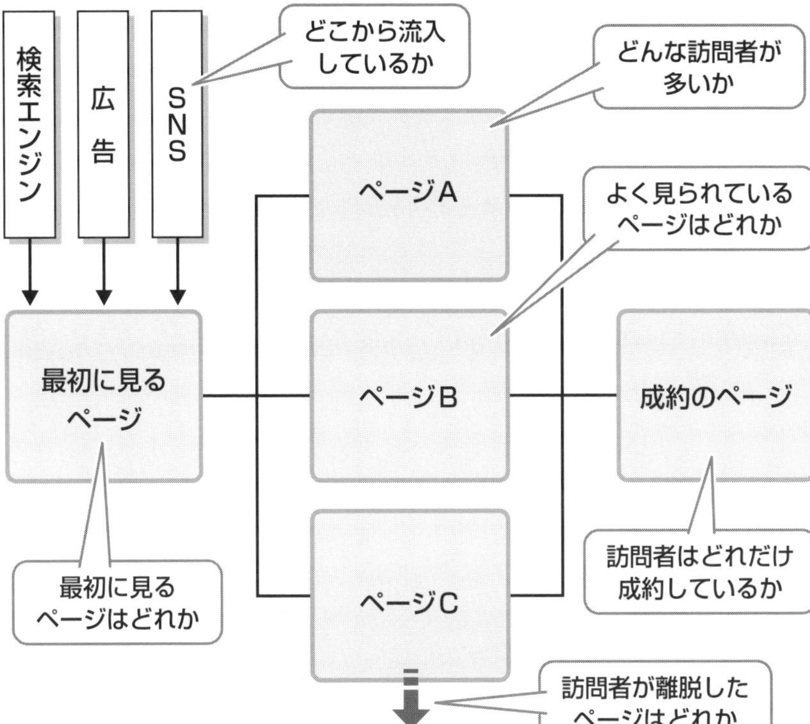


**Check!**

**このようなデータを収集し分析して成約に役立てるのがアクセス解析**

そのページを改善すれば効果が高いとわかります。あまり見られていないページを一生懸命に改善しても、効果は限られるでしょう。

またたとえば、ＳＮＳから流入した訪問者が・最初にページＤを見て・成約する割合が高い・とわかれば、ページＤをスマートフォン向けに改善することが考えられます。

ＳＮＳから流入する訪問者は、パソコンよりスマホで見ている可能性が高いからです。

25



# ますます重要性を増す「ＳＮＳマーケティング」

## 広がるＳＮＳの利用者、情報収集もＳＮＳで

ＳＮＳは、Ｗｅｂサイトへの流入経路としても重要ですが、ＳＮＳ自体でのマーケティング施策も重要性を増しています。

理由はいうまでもなく、**ＳＮＳ利用の広がり**です。総務省の調査によれば、2019年の13歳～19歳、20代、30代の利用率はすべて80%を超え、また40代以上の利用率の伸びも著しいものがあり、全世代平均でも70%に迫りつつあります（令和元年通信利用動向調査）。

さらに、とくに若い世代の情報収集のしかたの変化もいわれています。Googleなどの検索エンジンよりも、まずＳＮＳで情報収集するスタイルが一般的になりつつあるのです。

ファッションやグルメといったジャンルの情報収集では、すでに検索エンジンを超えて、ＳＮＳが利用されているというデータもあります。

## ＳＮＳはメディアも違い利用のしかたも異なる

ＳＮＳは、ＳＭＭ（ソーシャルメディアマーケティング）にも分類されますが、ソーシャルメディアにはブログなども含まれます。ここでは、ＳＮＳに限定して話を進めましょう。

ＳＮＳマーケティングで利用される主なＳＮＳは、右の図のようなものです。

テキスト、画像、動画、それらの組み合わせと、それぞれメディアが違い、利用のしかたも異なるので、それぞれに合ったマーケティングが必要になります。

## SNSマーケティングとはどういうものか

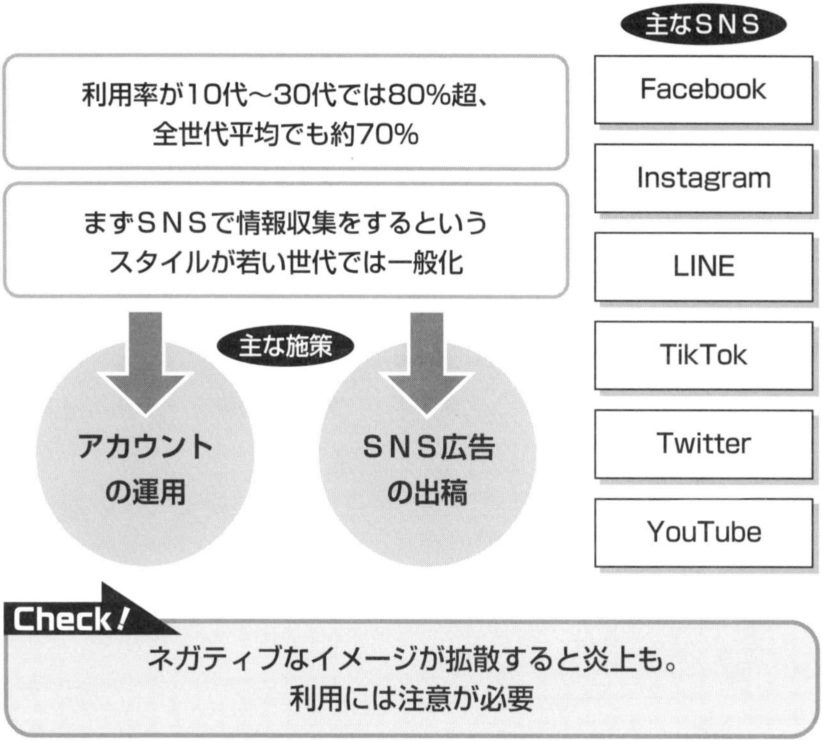

主なSNS
Facebook
Instagram
LINE
TikTok
Twitter
YouTube
利用率が10代～30代では80%超、
全世代平均でも約70%
まずSNSで情報収集をするという
スタイルが若い世代では一般化
主な施策
アカウントの運用
SNS広告の出稿
Check!
ネガティブなイメージが拡散すると炎上も。
利用には注意が必要


### アカウントを運用しSNS広告を出稿する

いずれにも共通する施策は、アカウントの運用と、SNS広告の出稿です。どのSNSにも、ビジネス用のアカウントや、独自のスタイルの広告が用意されています（☞次項）。

たとえば、LINEのビジネスアカウントは「LINE@」と「公式アカウント」です。Twitterでも「プロモアカウント」があります。

こうしたアカウントを利用して、ユーザーにポジティブなイメージを持ってもらえれば、口コミやレビューによって企業や商品のイメージアップ、売上増加につなげることも可能です。

その反面、逆にネガティブなイメージが拡散されると、炎上という事態にもつながりかねません。十分に注意する必要があります。

# 「SNS広告」は適切な使い分けがポイント

## SNSによって利用者の年齢層が異なる

ＳＮＳでアカウントの運用や、広告の出稿を検討するときは、目的に合わせて選択する必要があります。ＳＮＳによって、利用者の層も違えば、使える機能も違うからです。

たとえば右のグラフは、主なＳＮＳの日本国内の月間利用者数をあらわしています。多いほど、広告などの効果は高くなりそうですが、利用者数だけで決めることはできません。利用者の層などにも、ＳＮＳごとの特徴があるからです。

たとえばFacebookは、日本では10代の利用率が低いため、若い世代に向けた広告などには向きません。しかし、30代～40代、その上の年齢層には利用者が多く、抜群の訴求力があります。

逆にTicTokは、10代の利用者が多いため、高めの年齢層には訴求力がありません。

LINEは、20代が最も多いＳＮＳですが、30代以上の比較的高い年齢層にも多くの利用者がいます。

「インスタ映え」で有名なInstagramは、女性ユーザーがメインの印象が強いですが、次第に男性の割合も増え、2020年の時点では40％超が男性だそうです。

このように、最新の情報によって判断することも大切です。

## 「リツイート」や「ユーチューバー」にも注目

ＳＮＳごとの特徴や、特徴的な機能にも注目する必要があります。

LINEは日本で最も利用者が多く、年齢層も幅広いため、LINE

**SNSにはどれくらいの利用者がいるか**

「日本・世界のＳＮＳユーザー数まとめ」（インスタラボ）
https//find-model.jp/insta-lab/より引用・作成

を利用して顧客からの問い合わせや、アフターフォローなどに対応している企業があります。

Twitterは、主にテキスト形式の短いメッセージをメインとするＳＮＳですが、「リツイート」というシェアのしくみがあります。

> **【リツイート】** タップするだけで、自分のフォロワーとオススメの投稿をシェアできる。うまくいけば急速な拡散＝「バズる」ことが期待できる。

Twitterでは、「Twitter広告」を配信することもできますが、リツイートされても追加の広告費はかからないため、うまくいけば高い費用対効果が期待できます。

YouTubeの特徴は、多くのフォロワーがいる「ユーチューバー」です。エンターテインメントから専門的なテーマまで多種多彩で、インフルエンサーとして最適です（☞74ページ）。

# スマホのマーケティングは「アプリマーケティング」へ

## 個人の約65%がスマホを保有している

ＳＮＳと同じく、近年とくに重視されているのがスマートフォンに対するマーケティングです。ＳＮＳと同じく、利用者の急速な増加がその理由になっています。

右のグラフは、ＳＮＳと同じく総務省の調査（令和元年版「情報通信白書」情報通信機器の保有状況）によるスマホの世帯・個人保有率です。

世帯で約80％、個人で約65％は、さほど高くないように感じますが、日本の全世帯、乳幼児から高齢者までの全個人に対する保有率であることを考えれば、高い割合であることがわかるでしょう。

いまやデジタルマーケティングは、スマホの存在なしには考えられません。「スマホシフト」「スマホファースト」という人もいます。

## いつでもどこでもインターネットにつながる

スマホシフト、スマホファーストには２つの側面があります。

ひとつは、スマートフォンのユーザーには、女性や10代の若者も多いということです。パソコンでインターネットに接続していた、旧来の20歳以上の男性ユーザーの割合は、相対的に低くなります。

もうひとつの側面は、パソコンの前に座っているときだけでなく、いつでもどこでも、インターネットにつながるということです。もはや、完全にオフラインという状況はごくまれで、マーケティングの対象として考えにくくなっています。

## スマートフォンはどれくらい保有されているか

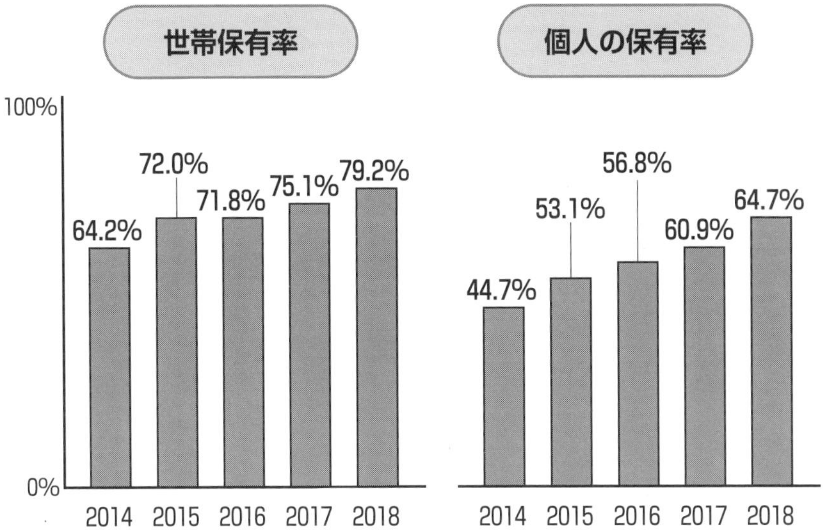


令和元年版「情報通信白書」情報通信機器の保有状況より引用・作成

### 顧客の囲い込みができるアプリマーケティングとは

スマートフォンに関するマーケティングには、メールによる「メールマーケティング」などもありますが（☞次ページ）、いま注目されているのは「**アプリマーケティング**」です。

要するに、企業が自社の「公式アプリ」を開発して、アプリストアでユーザーにダウンロード、インストールしてもらいます。簡単にアプリのインストールができる、スマホならではといえるでしょう。

公式アプリというと、ＳＮＳなどの公式アプリが思い浮かびますが、一般の企業でもアプリを開発・提供することは可能です。公式アプリでは、Ｗｅｂチラシやオンラインショップが提供できるほか、クーポンの配信やポイントの付与・利用などができます。

このように、ＳＮＳ広告などと異なり他社との競合なしに、顧客の囲い込みができるのがアプリマーケティングのメリットです。

# 利用は減っているがメリットの多い「メールマーケティング」

## 単純なメール広告は利用が減っているが…

Ｗｅｂマーケティングと並び、最も歴史あるデジタルマーケティングのジャンルが「**メールマーケティング**」です。

メールで広告を送る「**メール広告**」が基本ですが、ネット広告の種類が増えたことなどにより、単純なメール広告の利用は減っています。メール広告を送る相手により、広告の内容を変える「**ターゲティングメール広告**」などへの進化が必要です。

メールマーケティングは大別すると、登録会員などから顧客を絞り込んで送るメール広告と、メールマガジンに広告を出稿するタイプに分けられます。

**メールマガジン**についても、他社のメールマガジンに出稿する場合のほか、オウンドメディア（☞31ページ）として、自社でメールマガジンを運営することが可能です。

オウンドメディアとしてのメール広告と、メールマガジンを配信した場合には、右の図のようなメリットがあります。

## メールマガジンなら多彩な内容が盛り込める

自社でメールマガジンを編集して配信する場合は、メール広告より多彩な内容を盛り込めることがメリットです。

しかし、消費者のニーズが多様化している今日、登録会員全員に画一的なメルマガを、決まった配信日に送信するという方法は通用しにくくなっています。

ターゲティングメール広告と同様、顧客をセグメントして、セグ

### メールマーケティングのメリット

（オウンドメディアとして運営した場合）

①メール広告やメールマガジンが低コストで配信できる

②メール広告やメールマガジンが顧客個人に到達しやすい

③メール広告などの効果が開封率などで測定しやすい

④出稿する広告などと異なり、いつでもタイムリーに配信できる

⑤顧客情報があれば配信先もセグメントできる

⑥Ｗｅｂサイトより濃いコミュニケーションがとれる

⑦HTMLメールなら映像なども利用できる

メント別に違うコンテンツを、違うタイミングで送信することなどが必要です。

**【セグメント】**「細分化」の意味。マーケティングでは、市場や顧客を細分化してマーケティングの対象とすることを「セグメンテーション」という（☞146ページ）。

## 記載必要事項が法律で定められている

メールマーケティングは、「**特定電子メール法**」（特定電子メールの送信の適正化等に関する法律）の規制を受けています。この法律の改正により2008年から、送信者の名称や住所、苦情や問い合わせの受付先などの、記載必要事項が定められているのです。

とくに、受信者に送信の同意を事前に得ることと、いつでも配信停止ができて、その旨が記載されていることが重要です。それぞれ「**オプトイン**」「**オプトアウト**」といいます。

# 5Gを見すえた「動画マーケティング」

## 動画広告の市場が急成長している

メールマーケティングと逆に、急速に増えているのが「動画」の利用です。ある調査では、2019年の動画広告市場は金額ベースで前年比140%超の成長を見せているといいます。

その理由は、動画の配信に不可欠な高速大容量のインターネット環境が、全国的に整ったことなどもあるでしょうが、ここでもスマートフォンの普及が大きな役割を果しています。先ほどの調査でも、スマホ動画広告が市場全体の約９割を占めているそうです。

こうした状況から、**「動画マーケティング」**はデジタルマーケティングの一大ジャンルになっています。テキストや静止画像と比べて、強力な訴求力を持つ動画を活用したマーケティングです。

## 動画広告だけが動画マーケティングではない

動画マーケティングは、動画広告の出稿だけではありません。マーケティングに利用される動画の種類には、いろいろな分類がありますが、最もシンプルな分類では右の図上の３つになります。

**「バイラル動画」「説明動画」「コンテンツ動画」**の３つですが、それぞれ集客・接客・追客の３段階に対応していると考えてよいでしょう（☞22ページ）。

このような動画を、配信する先もいろいろです。動画専門のYouTubeを筆頭に、Instagram、Facebook、TwitterなどのＳＮＳ、自社のＷｅｂサイト、さらに**デジタルサイネージ**でも同じ動画を利用することができます。

## 動画・動画広告の種類

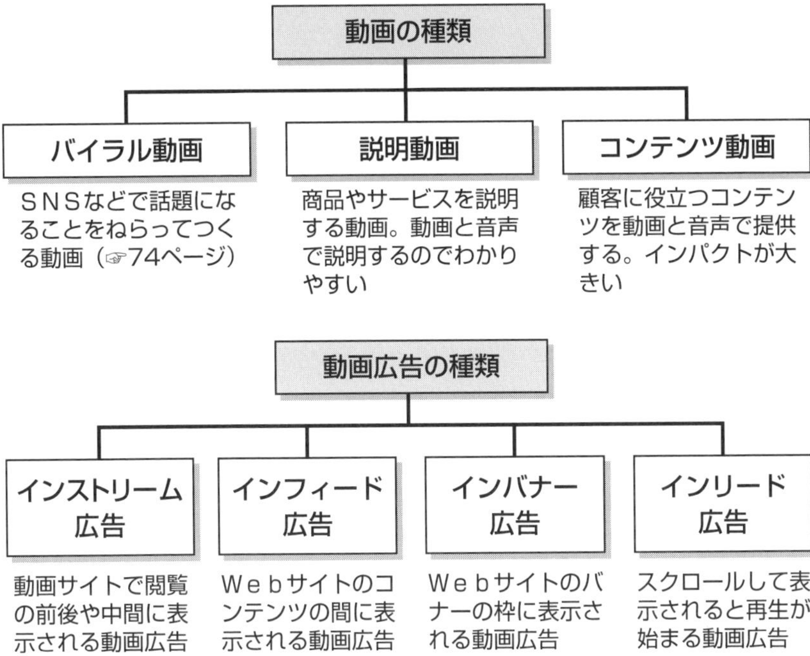
動画の種類
バイラル動画
SNSなどで話題になることをねらってつくる動画（☞74ページ）
説明動画
商品やサービスを説明する動画。動画と音声で説明するのでわかりやすい
コンテンツ動画
顧客に役立つコンテンツを動画と音声で提供する。インパクトが大きい
動画広告の種類
インストリーム広告
動画サイトで閲覧の前後や中間に表示される動画広告
インフィード広告
Ｗｅｂサイトのコンテンツの間に表示される動画広告
インバナー広告
Ｗｅｂサイトのバナーの枠に表示される動画広告
インリード広告
スクロールして表示されると再生が始まる動画広告

**【デジタルサイネージ】**液晶ディスプレイなどの電子的な表示機器を使って、映像情報を発信する電子看板、電子掲示板。大は街頭の大型ビジョン（屋外広告）から、電車内窓上のディスプレイ（交通広告）、店舗内の陳列棚に置かれたディスプレイ（ＰＯＰ広告）まで、すべてデジタルサイネージ。

動画広告にも、図下のような種類があります。表示のしかたの違いによる分類です。

今後、スマートフォンは**５Ｇ（ファイブジー）**の回線が主流になっていきます。５Ｇでは、通信速度がさらに高速になり、動画の配信でよく見られる遅延も短縮され、多数同時接続が可能です。

動画マーケティングは、デジタルマーケティングのなかでも、ますます重要な位置を占めることになるでしょう。

# コンテンツマーケティングから「インバウンドマーケティング」へ

## インバウンドマーケティングとは

デジタルマーケティングの話で、近年よく登場する用語に「**インバウンドマーケティング**」があります。インバウンドと聞くと、訪日外国人が対象のマーケティングと思うかもしれませんが、そうではありません。

インバウンドマーケティングを知るためには、対義語である「**アウトバウンドマーケティング**」と、比べてみるとわかりやすいでしょう。右に、インバウンドマーケティングとアウトバウンドマーケティングの施策の違いをまとめてみました。

これを見ると、アウトバウンドマーケティングが広告やダイレクトメールなど、積極的に知らせていく施策なのに対して、インバウンドマーケティングでは企業ブログや動画など、コンテンツを重視した施策であることがわかります。

**【ホワイトペーパー】** 省庁が公表する「白書」のようなもの。法人向けのビジネスで、自社の技術や商品を説明するために作成する。市場の分析や導入事例、他社製品との比較などを、データを基に詳細に記載する。

## 消費者に「見つけてもらう」ところがポイント

インバウンドマーケティングでは、まず企業ブログや動画など、良質なコンテンツをＷｅｂ上で公開します。法人向けのビジネスでは、**ホワイトペーパー**などもコンテンツのひとつです。

そして消費者に、検索やＳＮＳ上の情報収集などで見つけてもら

### アウトバウンドマーケティングと比べると

| | インバウンドマーケティング | アウトバウンドマーケティング |
|---|---|---|
| 施策 | 企業ブログ<br>動画コンテンツ<br>SNS<br>ホワイトペーパー<br>SEO<br>メールマガジン<br>オンラインセミナー<br>など | テレビCM<br>ラジオCM<br>新聞広告<br>雑誌広告<br>展示会<br>ダイレクトメール<br>リスティング広告<br>など |

い、SNSでシェアや拡散をしてもらいます。

こちらから広告などで知らせるのではなく、「見つけてもらう」ところがインバウンドマーケティングのポイントです。そのためには、良質なコンテンツの提供が第一ですが、SEO（検索エンジン最適化）などの施策も行ないます。

## コンテンツマーケティングとの違いは

このように説明すると、コンテンツマーケティング（☞52ページ）と似ているようですが、インバウンドマーケティングでは顧客のリピーター化までを視野に入れ、その段階ではメールマガジンやオンラインセミナーなども利用する点が異なります。

そのため、コンテンツマーケティングはインバウンドマーケティングの一部という見方もありますが、いずれにしてもデジタルマーケティングの話でよく出てくる用語です。覚えておきましょう。

# 「バイラルマーケティング」と「インフルエンサー」

## ウイルスが広まるような「バイラルマーケティング」

商品やサービスを利用した消費者が、口コミで次々に知人に紹介するように仕向ける手法を「**バイラルマーケティング**」といいます。「バイラル」は「ウイルス性の」という意味の英語です。

成功すれば、ウイルスが人から人へと、またたく間に広まるように広まることから、この名前が付けられています。

有名な例は、無料メールサービスの草分け的存在であるHotmailが、急成長した際に使った手です。Hotmailは、ユーザーが送信するメールの最後に、「PS. I love you. 無料のメールをどうぞ」というメッセージと、HotmailのＵＲＬを付け加えました。

ＰＳとあったので、送信者からのメッセージだと思い込んだ受信者はみなHotmailを使い始め、その送信メールにも末尾にＰＳが付いていたので、またたく間に、ウイルスの感染者が増えるように、Hotmailの利用者が増えたというわけです。

このほか、現在でもよく見られる「お友達紹介キャンペーン」なども、バイラルマーケティングの例です。

## 影響力がある人にお願いする「インフルエンサー」

「**インフルエンサーマーケティング**」というものもあります。こちらはインフルエンザではなく、人々の消費行動に大きな影響を及ぼす人＝「インフルエンサー」を見つけ出し、好意的なメッセージを発信してもらう手法です。

インフルエンス（influence）には、「影響力」といった意味があ

### バイラルマーケティング、インフルエンサーマーケティング

**viral**
**＝ウイルス性の**

例
Hotmail
お友達紹介
キャンペーン
など

**influencer**
**＝影響力がある人**

例
タレント
著名人
ユーチューバー
など

**Check!**
**この2つはどちらも**
**口コミマーケティングに分類される**

ります。

インフルエンサーとしては、好感度の高いタレントや著名人、特定の分野の専門家などが代表的です。同じく好感度が高く、フォロワーが多い**ユーチューバー**、**インスタグラマー**、**ティックトッカー**、それに個人の**ブロガー**などもインフルエンサーです。

こうしたインフルエンサーが、たまたまＳＮＳなどで紹介した商品やサービスが、それをキッカケとして爆発的にヒットすることも珍しくありません。

そこで、企業からインフルエンサーに対して積極的に、商品の紹介や話題の提供ができる機会を設け、その影響力をマーケティングに活かしてもらおうというのがインフルエンサーマーケティングなのです。

32 

# 「ステルスマーケティング」と「バズマーケティング」

## ステルスマーケティングになるケースとは

インフルエンサーマーケティングは、一歩間違えると「**ステルスマーケティング**」になってしまいます。レーダーに映りにくいステルス戦闘機のように、プロモーション（販売促進）であることを隠して、こっそり行なわれる宣伝活動のことです。

ステルス（stealth）には内密や隠蔽といった意味があります。

インフルエンサーマーケティングの一環として、インフルエンサーに商品やサービスを提供することは問題ありません。しかし、それに謝礼の金銭などを付け、インフルエンサーに紹介してもらうとステルスマーケティングになります。

金銭を支払った場合、「広告」「ＰＲ」と明示すれば問題ありません。しかし、「広告」「ＰＲ」の表示なしに、金銭を支払って行なうとステルスマーケティングになってしまうわけです。

**【ＰＲ】本来は「パブリックリレーションズ」の略で、広告費をかけずに行なう広報活動の意味だが、日本では広告宣伝の意味でもＰＲが使われる。パブリシティ（☞31ページ）などが本来のＰＲ。**

実際、過去に芸能人が謝礼を受け取って、ブログでサイトの紹介をした事件が発覚し、現在では「**ステマ**」という略語がすっかり一般名詞になりました。

インフルエンサーマーケティングでできることは、インフルエンサーに商品やサービスを提供することだけです。商品やサービスを

## ステルスマーケティング、バズマーケティング

| stealth | buzz |
|---|---|
| ＝内密の | ＝ブンブンいう音 |
| 例 著名な芸能人などに金銭を渡してサイトの紹介などを依頼する | 「バズる」の語源。ただし、バズるはポジティブな意味で使うことが多い。ネガティブな場合は「炎上」を使うことも |

**Check!**

バズマーケティングも
口コミマーケティングに分類される

紹介するかどうかは、インフルエンサーの判断になります。

### 「バズる」の語源、バズマーケティング

一方、昨今あちこちで聞かれる「**バズる**」の語源になっているのが、「**バズマーケティング**」です。バズ（buzz）とは、ハチの羽音のようなブンブンいう音のこと、要するに人々があちこちで、ワイワイガヤガヤとうわさ話をしている状態をあらわします。

とにかく、うわさ話の総量を増やして、話題をさらおうというマーケティングです。

日本では、「**口コミマーケティング**」と同義とされることがあります。

ところで、「口コミマーケティング」と聞くと、日本で生まれた

マーケティングのようなイメージがしますが、外国にも口コミマーケティングはあります。

アメリカの口コミマーケティング協会は、「Word of mouth marketing association」という名称です。

アメリカ口コミマーケティング協会では、口コミマーケティングを11種類に分類していて、そのなかには「バズマーケティング」「バイラルマーケティング」「インフルエンサーマーケティング」の3つが含まれています。

ほかには、「**エバンジェリストマーケティング**」も口コミマーケティングのひとつです。

**【エバンジェリストマーケティング】** エバンジェリストはキリスト教の伝道師のこと。企業に代わって、伝道師のように企業のメッセージを広めてくれるファンを育成し、口コミで広めるマーケティング。

ただし、日本のアニメ「エヴァンゲリオン」とは関係ありません。

# 3章

## デジタルマーケティング、これだけは知っておこう！

33 Digital marketing

# 「ペルソナ」で顧客のイメージを明確にする

## マーケティングで設定する「ペルソナ」とは

これはデジタルマーケティングに限った話ではありませんが、マーケティングでは、「**ペルソナ**」というものを設定することがあります。

ペルソナとはもともと、西洋古典劇で使われる仮面のことです。それをスイスの心理学者ユングが、人間の外的側面の意味で用いました。マーケティングでは、ペルソナを顧客のモデルの意味で使います。つまり、商品やサービスを購入してくれる顧客の、典型的な人物像、顧客像ということです。

## ペルソナを設定するとできること

ペルソナを設定すると、**自社の顧客のニーズが具体的に理解できるようになります**。ばく然と、顧客はこういうものを求めていると考えるのではなく、こういう人がこんなときに、こんなものを必要とすると考えられるからです。

また、マーケティングをチームや複数の人で担当しているときは、**共通の意識を持つ**ことにも役立ちます。具体的なマーケティング施策を決めるときにも、こういう人だからこういう施策が有効と、具体的な話ができるでしょう。

このようなメリットがあるので、ペルソナの設定はデジタルマーケティングでもよく行なわれています。

## ペルソナにどのような設定が必要か

ペルソナは、かなり細かく設定します。右にあげた例のように、

## ペルソナで設定すること（例）

- 性別・年齢・居住地など（基本的な設定）
- 職業・役職・業務内容・最終学歴など（仕事）
- 年収・世帯年収・貯蓄性向など（経済状況）
- 配偶者または恋人、子ども、両親の有無など（家族構成）
- 親しい友人・職場の同僚・近所の付き合いなど（人間関係）
- 平日の過ごし方、休日の過ごし方など（生活パターン）
- 人生経験・現在の悩み・将来の展望など（ライフステージ）
- ものの考え方・こだわり・ライフスタイルなど（価値観）
- 仕事帰りや休日にしていることなど（趣味・興味）
- インターネット環境・利用状況・デバイスなど（通信環境）

まるで実在の人物であるかのようにイメージし、設定するのがポイントです。

可能なら写真も用意すると、視覚的なイメージも明確になります。どんな服装をしているかも大切です。仕事とプライベートの両方を用意すると完ぺきといえます。

ただし、商品やサービスによって、重点の置き方を変える必要はあります。たとえばアパレル関係なら、好みのブランド、よく読む雑誌、好きな映画などもチェックし、設定しておく必要があるでしょう。

具体的なペルソナの設定のしかたは、かなり細かい話になるので省略します。

ここでは、デジタルマーケティングのために、こういう手法もあるということを知っておいてください。

# 34 訪問者は「カスタマージャーニー」をしている

## カスタマージャーニー＝「顧客の旅」とは

ペルソナが設定できると、「**カスタマージャーニー**」が考えられるようになります。

カスタマージャーニーとは、直訳すれば「顧客の旅」。顧客（ペルソナ）が、商品やサービスを知ってから、どのような道のりを経て、何を考え、何を感じて、どんな行動をとり、商品やサービスの購入などに至るかということです。

カスタマージャーニーがわかると、顧客の行動が理解できるようになります。なぜこのＷｅｂサイトを訪れたのか、なぜ途中でサイトから離脱したのか、あるいはなぜ商品の購入に至ったのか、といったことです。

また、顧客の視点からマーケティング施策を考えることができます。企業側の視点ではなく、顧客の側の心理状態や、それにともなう行動と、それに対する施策を発想できるからです。

## 「カスタマージャーニーマップ」を描く

具体的には、「**カスタマージャーニーマップ**」という図表を描くのが一般的です。

カスタマージャーニーマップは、たとえば、横軸に「認知・注目」「興味・関心」「比較・検討」「購入・行動」といったフェーズをとり、縦軸には「タッチポイント」「行動」「思考・感情」「課題」、そして課題に対する「施策」などをとります。

### カスタマージャーニーマップとは

| フェーズ | 認知・注目 | 興味・関心 | 比較・検討 | 購入・行動 |
|---|---|---|---|---|
| タッチポイント | | | | |
| 行動 | | | | |
| 思考感情 | | | | |
| 課題 | | | | |
| 施策 | | | | |

ここに情報を記入していく。たとえば「認知・注目」の「タッチポイント」なら「フォローしているＳＮＳの投稿で商品を知る」など。イラストや画像を使ってもよい。

**【タッチポイント】** 企業と顧客の「接点」という意味。物理的な接触だけでなく、広告を見て商品を認知した、ＳＮＳの投稿を読んで興味を持った、などもタッチポイントになる。

そして、縦軸と横軸が交差する場所に、ペルソナの行動や思考・感情などを想像して書き込んでいくわけです。この作業は担当者ひとりで行なうと、どうしても個人的な偏りが出るので、複数の人が意見を出し合いながら進めるのがよいとされています。

このあと、それぞれの情報を線で結び、ゴールに至るまでのストーリーを描いていきますが、話が長くなるので省略します。ペルソナを設定したら、カスタマージャーニーマップを描くということを知っておいてください。

# ＫＰＩ（重要業績評価指標）で目標の達成度を測る

## ＫＧＩ（重要目標達成指標）は最終のゴール

デジタルマーケティングは、施策の効果や費用対効果を測定し、数値で示せるところが強みです（☞18ページ）。測定のしかたや、数値で示される指標の見方を知っておきましょう。

まず、最も重要な、目標の達成に関わる指標を見てみましょう。

「**ＫＧＩ**」という指標があります。「キーゴールインジケーター」の略で、日本語では「**重要目標達成指標**」です。

Ｗｅｂサイトなどが、最終的に達成すべき目標を示す指標で、たとえば、「次月の成約件数○件」などと、具体的に期間を定めて数字で定めます。

しかし、成約件数が思ったように伸びない場合など、ＫＧＩの成約件数の数字だけを見ていても、どんな対策をしたらいいかはわかりません。

そこで、ＫＧＩとは別に「**ＫＰＩ**」という指標を定めます。「キーパフォーマンスインジケーター」の略で、日本語では「**重要業績評価指標**」です。

ＫＰＩは、ＫＧＩを達成するためのプロセスの進捗度を示す指標になります。そのため、ＫＧＩに大きく影響する指標を選び、ＫＰＩとして定めて、その進捗を管理するのです。そうすれば、ＫＰＩが達成できるというわけです。

## ＫＧＩの進捗をＫＰＩで測るワケ

簡単な例で考えてみましょう。たとえば、会員登録を目的とする

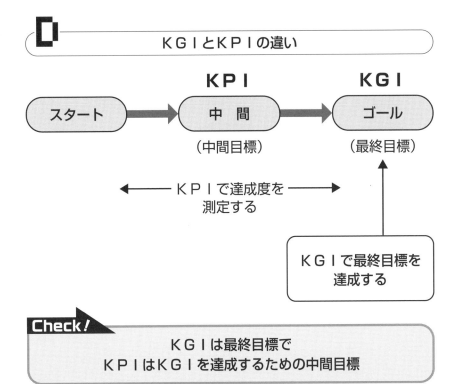

**ＫＧＩとＫＰＩの違い**

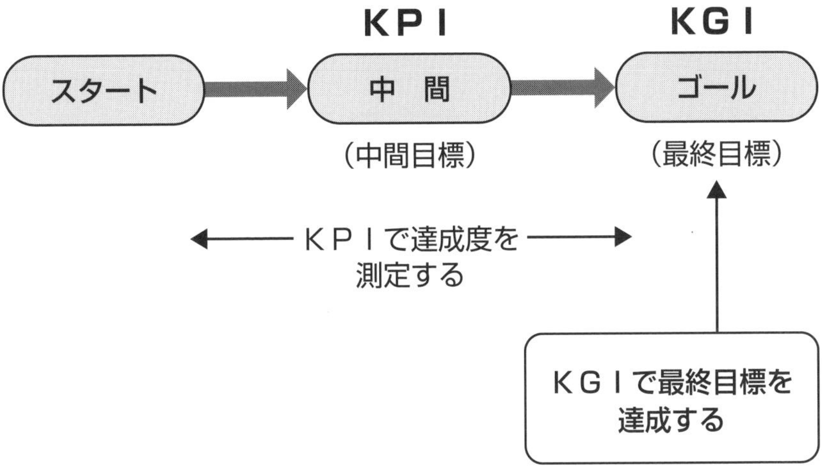


**Check！**
**ＫＧＩは最終目標で**
**ＫＰＩはＫＧＩを達成するための中間目標**

サイトで、次月は会員登録数50件増とＫＧＩを定めたとします。

この場合、たとえば訪問者に見られたページ数などを測定しても、適切なＫＰＩにはなりません。訪問者のなかには、会員登録済みの人もいれば、ブログを読みにきただけの人もいるからです。

そこで、新規の訪問者が多いと思われる検索エンジンからの訪問者数をＫＰＩとします。

すると、そのＫＰＩが伸びなかった場合、ＳＥＯを強化して検索エンジンからの訪問者を増やす、それが間に合わなければ広告を出稿して、広告からの新規訪問者数を増やすといった施策が打てるわけです。

ＫＧＩとＫＰＩは、このように使います。ＫＰＩはいわば、ＫＧＩの中間目標なのです。

36



# ＰＶ（ページビュー）数は基本中の基本

## ＰＶ数は何を測るのか

ここからは、アクセス解析（☞60ページ）によって測定される指標を見ていきます。まずは基本中の基本といっていい、「**ＰＶ（ページビュー）数**」からです。

デジタルマーケティングの指標は、一般的に頭文字などから２～３文字のアルファベットに略してあらわします。なかにはＣＶなど、頭文字ではない略語もあって、少し混乱するかもしれません（☞92ページ）

最初は、なじみにくいかもしれませんが、慣れるようにしてください。

ＰＶ数は、ページビューという名前のとおり、訪問者がページを見た（閲覧した）回数です。つまり、何ページ見たかをあらわしています。

ある特定のページが、何回見られたかを測ることもできますし、Ｗｅｂサイト全体で何ページ見られたかを測ることも可能です。右の図のように、階層ごとのＰＶ数を測ることもあります。

階層とは、訪問者が最初に見たページ、最初に見たページのリンクをクリック（タップ）して見た次のページ、次のページのリンクをクリックして見たその次のページというように、次第に深くなっていく階層のことです。

## ＰＶ数を測るとわかること

前項の例の場合は、ＰＶ数はＫＰＩに適さないとしましたが、一

## ＰＶ（ページビュー）数とは

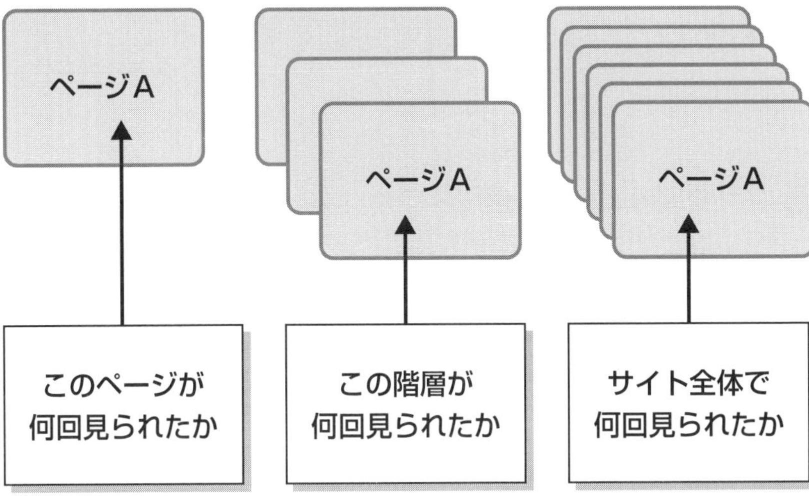


**Check!**

**ＰＶ数は特定のページで測ったり**
**階層やＷｅｂサイト全体で測ったりできる**

般的には基本的なＫＰＩとしてもよく使われる指標です。

　また、ＰＶ数を見るだけでわかることもいろいろあります。

　たとえば、ページごとのＰＶ数を測って比べると、Ｗｅｂサイトのなかでどのページに、訪問者が多く集まっているかを知ることが可能です。人気のあるページ、あまり人が見ないページがわかるわけです。

　さらに、階層ごとのＰＶ数を比較すると、階層が深くなるごとに訪問者が減る割合がわかります。階層から別の階層に移動することが簡単にできているか、その階層のコンテンツが適切なもので訪問者を集めているか、などを知ることができるのです。

# 37 アクセス数は「セッション」数で数える

## ブラウズの開始から離脱までが「セッション」

ＰＶと同じく、アクセス解析の最も基本的な指標が「**セッション数**」です。一般的には「**訪問数**」「アクセス数」ともいい、Ｗｅｂサイトに何回アクセスされたかをあらわします。

訪問者が何人ではなく、わざわざ「セッション」と呼ぶのは、数え方が違うからです。

具体的にはセッションは、訪問者が訪れてサイト内を見て回り、ある時点でブラウザを閉じるか、別のサイトに移動する（**離脱する**）までを１セッションと数えます。

ですから、たとえばＡさんが朝と昼、１日に２回、同じサイトを訪問したら、「２セッション」と数えるわけです。もし、ＡさんとＢさんが１回ずつ、同じサイトを訪問しても、セッション数は同じく２になります。

訪問数、アクセス数といった場合も、数え方は同じです。

## 「平均ＰＶ数」はサイトの充実ぶりを示す

ＰＶ数をセッション数で割ると、１セッションで平均して何ページビューがあったかわかります。これは「**平均ページビュー数（平均ＰＶ数）**」という指標です。

平均ＰＶ数は、要するに１回のセッションで、何ページ見られているかをあらわしています。一般的には、同じ１セッションであちこちいろいろ、何ページも見られているほうが、サイトの内容が充実していると考えられます。

ですから平均ＰＶ数は、多いほうがよい指標です。

## セッション（数）とは

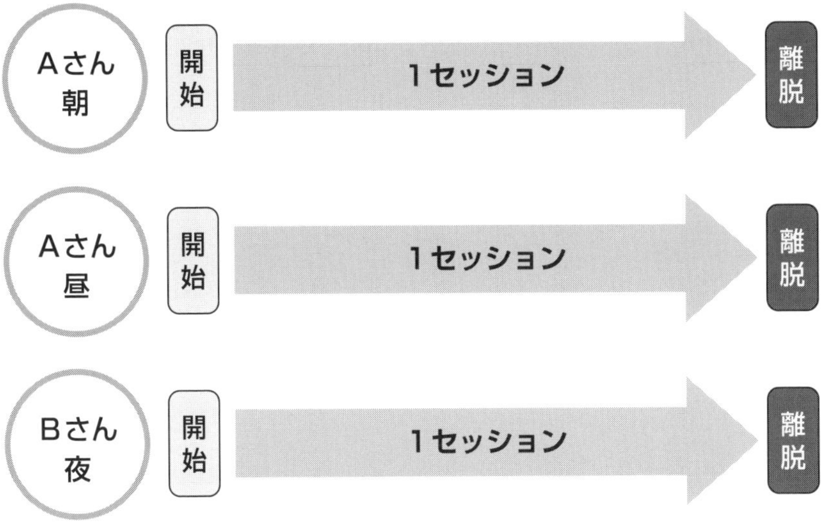


$$\text{平均ページビュー（PV）数} = \frac{\text{ページビュー数}}{\textbf{セッション数}}$$

**Check!**

**同じ人が2回アクセスすれば2セッション**
**平均ＰＶ数は多いほうがよい指標**

たとえば、１日に10セッションあって、80ページ見られているとすると、平均ＰＶ数は８になります。同じ10セッションでも、120ページ見られていれば、平均ＰＶ数は12です。

この場合「10セッション、120ページビュー、平均ページビュー（ＰＶ）数が12」という言い方をします。

セッション（数）とページビュー（ＰＶ）数は、このようにして使う指標です。

# ユーザー数は「ユニークユーザー」で数える

## 「ユニークユーザー」は重複しないユーザー

見られたページの数はＰＶ数で、アクセスの数はセッション数で数えるとして、訪問者の数はどのように数えるのでしょうか。

これは「**ユニークユーザー**」（UU）というもので数えます。この場合のユニークは「ヘンな」という意味ではなく、「重複しない」という意味です。

つまり、同じ人が何回アクセスしても、１人と数えられます。これを「**ユーザー数**」といいます。ユーザー数は、要するにユニークユーザーの数です。

## ユニークユーザーの数はブラウザで数えられている

ユニークユーザーの数は、実はブラウザの数で数えられています。ですから、たとえば、Ａさんが朝と昼の２回、同じパソコンの同じブラウザでアクセスしても、ユーザー数は１です。

また、Ｂさんが夜，ちょっとＡさんのパソコンを借りて、Ａさんのパソコンのブラウザで同じサイトにアクセスしても、ユーザー数は１になります。

しかし、Ａさんが朝にパソコンでアクセスし、昼にはスマホで同じサイトにアクセスすると、ユーザー数が２になります。パソコンとスマホでは、ブラウザが違うからです。

たとえば、１日に20セッションあって、240ページ見られ、ユニークユーザーの数が17だった場合、「20セッション、240ページビュー、17ユーザー」という言い方になります。

## ユーザー（数）とは

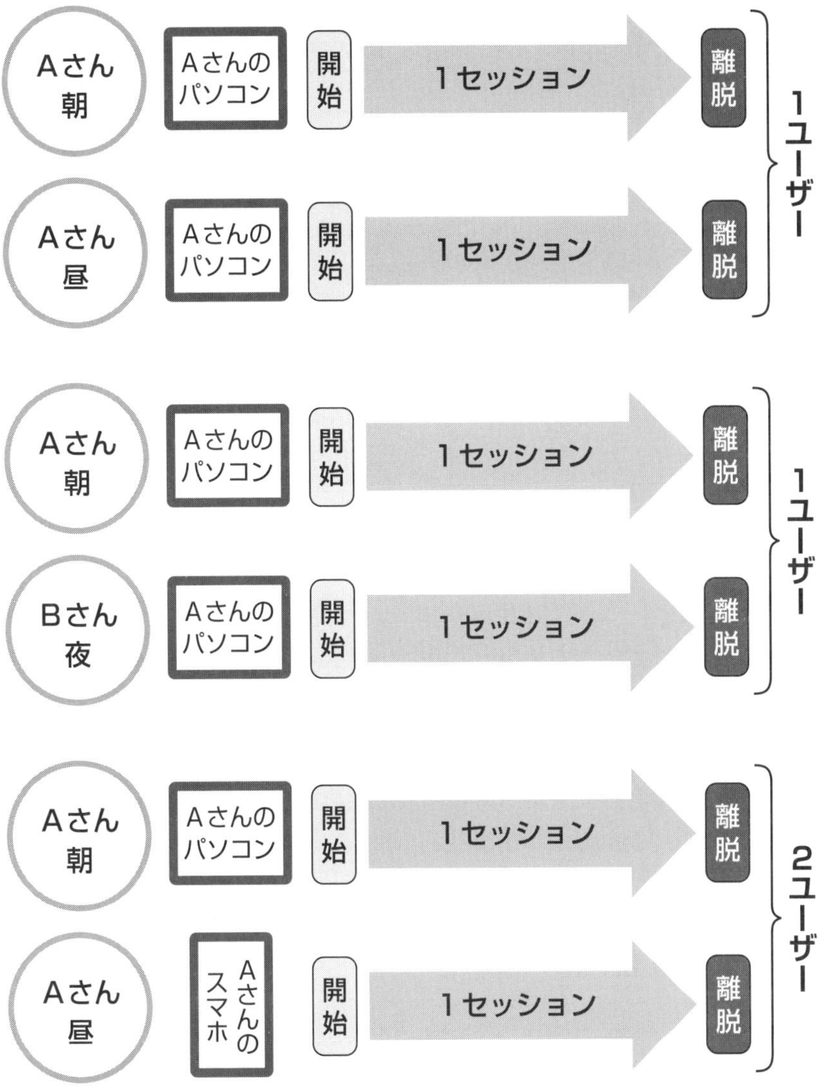


**Check!**

違う人でも同じブラウザでアクセスすれば1ユーザー。
同じ人でも違うブラウザでアクセスすれば2ユーザー

# ＣＶ（コンバージョン）の数と率で成果を測る

## ＣＶ数が多いほど成果があがっている

前にも軽くふれましたが、Ｗｅｂサイトの目的を「**コンバージョン**」といいます。

コンバージョンは、そのＷｅｂサイトが目標とする成果、すなわち「**成約**」のことです。コンバージョンのスペルはconversionなので、「ＣＶ」と略します。

コンバージョンは、Ｗｅｂサイトによって変わるものです。たとえば、ＥＣサイトなら商品の購入ですが、企業のサイトなら商品の問い合わせになります。商品情報サイトなら資料請求ですが、コミュニティサイトなら会員登録がコンバージョンです。

コンバージョンはまず数、つまりコンバージョン（ＣＶ）数を指標とします。コンバージョンはそのＷｅｂサイトの成果ですから、ＣＶ数は多いほうが良い指標です。ＣＶ数をいかに増やすかが、アクセス解析を行なう重要な目的のひとつになっています。

そこでＣＶ数も、ＰＶ数と並んで、よくＫＰＩ（☞84ページ）の基本的な指標とされます。

## ＣＶ率が高いほど効率がよい

ＣＶは、率で測ることも可能です。つまり「**コンバージョン率**」（成約率）を計算するわけで、こちらは「ＣＶＲ」と略します。Ｒは、レート（率）の頭文字です。

ＣＶＲの計算ではコンバージョン、すなわちＣＶ数を分子にとりますが、比較する相手の分母はアクセス数（訪問数）、つまり、セッション数とするのが普通です。そこでＣＶＲの計算式は、右の図

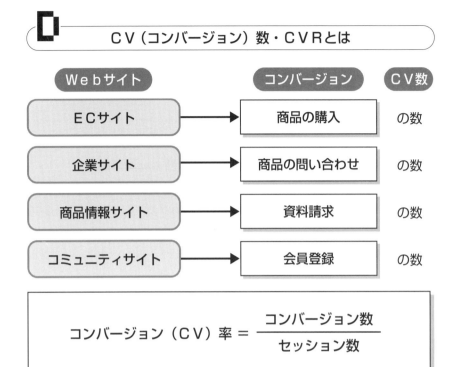

## CV（コンバージョン）数・CVRとは

| Webサイト | コンバージョン | CV数 |
|---|---|---|
| ECサイト | 商品の購入 | の数 |
| 企業サイト | 商品の問い合わせ | の数 |
| 商品情報サイト | 資料請求 | の数 |
| コミュニティサイト | 会員登録 | の数 |

$$\text{コンバージョン（CV）率} = \frac{\text{コンバージョン数}}{\text{セッション数}}$$

**Check!**

**コンバージョン数は多いほうがよい。**
**コンバージョン率は高いほうがよい**

のように、ＣＶ数をセッション数で割ったものになります。

この式は要するに、アクセス（訪問、セッション）○回のうち、成約（コンバージョン）まで至ったのが×回、ということを示す式です。

アクセスがあった回数のうち、成約（コンバージョン）に至った回数は多いほうが効率がよいに決まっているので、ＣＶＲは高いほどよい指標になります。

ですから、ＣＶＲをいかに高めるかは、アクセス解析を行なう重要な目的のひとつです。

# 「直帰率」「離脱率」で サイトとページの魅力を測る

## 初めてサイトを訪れたユーザーの割合＝「新規率」

率で測られる指標は、いろいろあります。まずは「**新規率**」。

「新規」とは、初めてサイトを訪れることです。その割合が新規率で、セッション数で測るので「**新規セッション率**」ともいいます。

たまにしか購入しないような商品のサイトでは、新規率は高いほうがよいといえます。しかし、ひんぱんに購入する商品のサイトでは、新規率が低い＝リピーターが多いほうがよいでしょう。

## すぐに帰った「直帰率」、そのページで帰った「離脱率」

次は「**直帰率**」。

「直帰」とは、そのＷｅｂサイトの１ページだけ見て帰ることです。コンテンツが貧弱だと、つまらないので１ページ目で終わり、直帰率が高くなります。

ただし、どんなサイトでも一般に40％程度の直帰率があるといわれているので、その程度なら心配する必要はありません。

さらに「**離脱率**」。

「離脱」は、そのページを最後に、別のサイトに移動したり、ブラウザを閉じてサイトから離れることを意味します。ですから、通常は低いほうがよい指標です。

ただし、コンバージョンのページなら話は変わります。コンバージョンのページまで来て離脱しているということは、成約して離脱している可能性が高いということ。この場合は、離脱率が高いほどよいということです。

## 新規率・直帰率・離脱率・平均滞在時間とは

$$\text{新規率} = \frac{\text{新規セッション数}}{\text{セッション数}}$$

$$\text{直帰率} = \frac{\text{直帰セッション数}}{\text{セッション数}}$$

$$\text{離脱率} = \frac{\text{そのページの離脱数}}{\text{そのページのＰＶ数}}$$

$$\text{平均滞在時間} = \frac{\text{セッション時間の合計}}{\text{セッション数}}$$

### 「平均滞在時間」は長いほどよい

最後は率でなく、時間です。セッション時間の平均を「**平均滞在時間**」または「**平均セッション時間**」といいます。

Ｗｅｂサイトの滞在時間が短いということは、ほしい情報がないか、情報量が少なくてすぐに見終わってしまうサイトということです。ですから、滞在時間が長いほうが、ほしい情報が多い、コンテンツが充実したサイトということになります。

平均滞在時間は、長いほどよい指標なのです。

# ＣＶＲや直帰率を改善する ＬＰＯ（ランディングページ最適化）

## 訪問者が最初に見る「ランディングページ」

ここまで見てきたような指標を、改善に導く手法のひとつに「**ＬＰＯ（ランディングページ最適化）**」があります。

「ランディングページ」とは、訪問者が着地するページ――つまり最初に見るページのことです。ランディングページには、実は2種類あります。

ひとつは、検索エンジンなどから流入する訪問者が最初に見るページで、これはどのページと特定できません。Ｗｅｂサイト内のすべてのページが、ランディングページになる可能性があります。

もうひとつは、基本的に広告から流入する訪問者が最初に見るページです。こちらは、自由に設定することができます。

ＬＰＯの対象になるのは、広告から流入した訪問者向けのランディングページのほうです。

## ＣＶＲを上げるために直帰率を低く抑える

ＬＰＯの最終的な目的は、コンバージョンの率＝ＣＶＲを高めることです。それには、第一の関門として、ランディングページの直帰率を低く抑える必要があります。

そのためには「**ファーストビュー**」が重要です。スクロールしなければ見えないような場所に、重要な要素を置いてはいけません。

**【ファーストビュー】**Ｗｅｂページを表示したとき、ブラウザで最初に見える領域。デバイスによって画面サイズは異なるので、ファーストビューはデバイスにより変わる。

### ランディングページには２種類ある

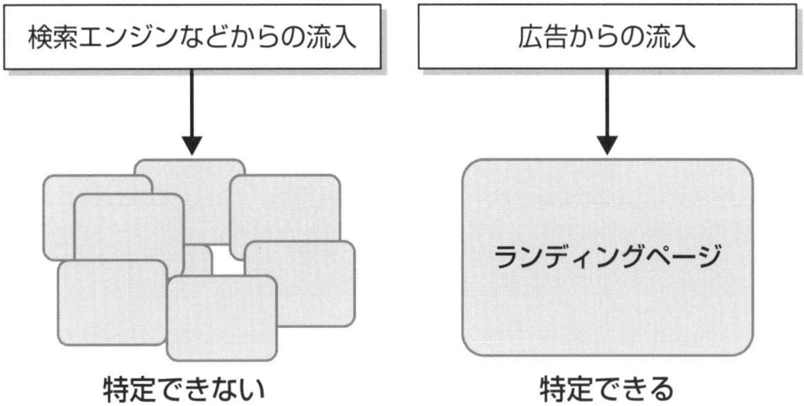


**Check!**

**ＬＰＯの対象になるのは基本的に
広告から流入した訪問者向けのランディングページ**

近年はスマートフォンで見ている訪問者も多いので、スマホ対応も欠かせません。スマホ対応の方法としては、「**レスポンシブＷｅｂデザイン**」などの方法もあります。

**【レスポンシブＷｅｂデザイン】**複数のサイズのページを用意するのではなく、ひとつのHTMLから、ユーザーの画面サイズに合わせた最適のレイアウト、デザインを表示する技術。

ＬＰＯは、効果を測定し、ランディングページをさらに改善していくことが大切です。ＬＰＯの効果測定には、主に「**Ａ／Ｂテスト**」などが利用されます。

**【Ａ／Ｂテスト】**ＡとＢ、２つのパターンを実際につくって交代で表示させ、両方の効果を測定して、効果が高いほうを採用する手法。

# ＥＦＯ（入力フォーム最適化）で離脱率も改善

## ＥＦＯでコンバージョン前の離脱を防ぐ

ランディングページは最初の関門ですが、最後の関門となるのが個人情報などの入力です。商品の購入や資料請求といったコンバージョンに応じてもらうには、必ず、個人情報などの入力が必要になります。実際、入力のしかたがわかりにくかったり、面倒だったりして、入力を途中でやめてしまう（離脱する）訪問者が一定数、いるそうです。

そこで、入力のフォームをわかりすく、簡単にして、コンバージョン前の離脱を防ごうというのが「**ＥＦＯ**（エントリーまたは入力フォーム最適化）」なのです。

## ＥＦＯのために行なうことは

ＥＦＯで行なうことは、非常にたくさんあります。それは、入力のしやすさ、わかりやすさというものが、項目の数や文字の大きさから始まって、入力エラーへの対応まで、入力フォームのあらゆる要素に影響されるからです。

ごく基本的な例をあげてみると、右の図上のようになります。

また、「**ＥＦＯツール**」と呼ばれる、入力フォームの機能の一部を自動化してくれるツールもあります。郵便番号を入力すると、番地以外の住所を、自動的に入力してくれるフォームを見たことがあると思いますが、あのような機能を提供するツールです。

## 入力フォーム以外にも注意を払う

入力フォーム以外でも、ＥＦＯのために注意する点があります。

## ＥＦＯではどんなことをするのか

### 基本的なＥＦＯ施策（例）

- 入力項目をできるだけ少なくする
- わかりやすい入力例を示す
- 入力欄は入力しやすく、ラベルは見やすくする
- できればスクロールしないですむようにする
- 入力中に入力の全体像が見えるようにする
- 入力の必須項目と任意項目を明確にする

### ＥＦＯツールの機能（例）

- 入力エラーをその場で教えてくれる
- 郵便番号から住所を自動入力してくれる
- Google、Yahoo! などのアカウントと連携する

たとえばある調査では、個人情報を入力しない理由の第１位は「セキュリティに不安がある」だそうです。プライバシーポリシーをきちんと表示して、ユーザーの不安を軽減する必要があります。

**【プライバシーポリシー】** 自社における個人情報の利用目的や、管理の方法を文章でまとめたもの。個人情報保護法の定めにより、企業には作成の義務がある。日本語では「個人情報保護方針」などともいう。

また、これは入力のしやすさには関係しませんが、入力フォーム以外の要素をページ内に入れないことなども大切です。他のページへのリンクなどを入れると、興味を持ってそちらに移動してしまい、入力フォームに戻ってこない場合があります。

# 広告の費用対効果を測る CPA（成約単価）

## CPAはコンバージョン1件当たりの広告費用

次に、広告に関する指標を見てみましょう。広告は費用対効果が大事ですから、費用対効果を測る指標がたくさんあります。まずは最も基本的な「**CPA（成約単価）**」から。

CPAは、「Cost Per Action」の略です。この場合、アクションは商品の購入や資料請求など、すなわちコンバージョンを指しています。つまり、コンバージョン1件当たりにかかった広告費用ということです。計算式は、右の図上のようになります。

Aは、Acquisition（「獲得」の意味）とすることもありますが、その場合も計算式はコンバージョンです。日本語では、「**獲得単価**」ということになります。

CPAは、アフィリエイト広告など成果報酬課金型の広告の評価に使われます（☞119ページ）。CPAが上がるということは、成約1件当たりの広告費用が増えるということです。利益が減ることになるので、一般的には、CPAは低いほどよいといえる指標になります。

KPIとしても、よく使われる指標です（☞84ページ）。

## ROASは広告費用に対する売上のパーセンテージ

費用対効果は費用対効果でも、コンバージョンではなく、売上に対する効果を測る指標もあります。

「**ROAS**」（Return On Advertising Spend）といい、**広告支出の回収率**といった意味です。ROASも、KPIとしてよく使われます。

**広告の費用対効果を測るＣＰＡとＲＯＡＳ**

$$\text{CPA} = \frac{\text{広告費用}}{\text{コンバージョン数}}$$

$$\text{ROAS} = \frac{\text{広告による売上}}{\text{広告費用}}$$

**Check!**

**同じ費用対効果でも**
**ＣＰＡはコンバージョンで、ＲＯＡＳは売上で効果を測る**

計算式は上の図下のように、広告による売上を広告費用で割ります。広告による売上をつかむことはむずかしいですが、商品やサービスの平均単価にコンバージョン数を掛けて、広告による売上とするのが一般的です。

この計算式によって、広告費用に対して、何％の売上があがっているかがわかります。たとえば、広告費を10万円かけ、広告経由の売上が30万円増えた場合、ＲＯＡＳは300％です。

ＲＯＡＳは、100％を超えて当たり前ということになります。100％では、増えた売上とかかった広告費用が同じということですから、商品やサービスの原価などを考えれば赤字です。

100％を軽く超えて、高ければ高いほどよいことは、いうまでもありません。

# CPC（クリック単価）で広告の費用対効果を測る

## CPCは1クリック当たりの広告費用

コンバージョンや売上でなく、1クリック当たりで費用対効果を測る指標もあります。「**CPC**」はCost Per Clickの略、「広告費用÷クリック数」の式でクリック1回当たりの広告費用を計算し、費用対効果を測る指標です。

たとえば、表示回数により広告料金が課金されるインプレッション課金型の広告で（☞118ページ）、計5万円の広告費用がかかり、1万回のクリックがあったとすると、CPCは5円になります。

CPCには、もうひとつ別の役割があります。クリックの回数により広告料金が発生するクリック課金型の広告で（☞118ページ）、広告料金のクリック単価を示す役割です。

この場合、あらかじめCPCを決めておき、クリックされた回数に応じて広告料金を支払うことになります。

ついでにいえば、クリック課金型広告自体をCPCと呼ぶこともあるので注意が必要です。

## 費用対効果を測る指標のいろいろ

そのほか、クリックと広告費用に関連する指標としては、右の表のようなものがあります。

ちなみに、「CPM」のMilleはラテン語の1,000のことで、インプレッション課金型では課金が1,000単位なので、CPMも1,000単位で計算します。

## 広告の費用対効果を測る指標

| | | | |
|---|---|---|---|
| CPM | Cost Per Mille | 広告費用 / インプレッション数 ×1,000 | インプレッション単価。インプレッション課金型広告の単価、または1,000回当たりの広告費用。 |
| CTR | Cost Through Rate | クリック数 / インプレッション数 | クリック率。広告が表示された回数のうち、クリックされた回数の率。 |
| CPO | Cost Per Order | 広告費用 / 購入人数 | 契約単価または注文獲得単価。広告の表示から予約、来店、購入までの１件当たり単価。 |
| CPD | Cost Per Duration | ― | 一定期間の広告表示を保証する「期間保証型広告」の料金。Durationは「期間」の意味。 |
| CPE | Cost Per Engagement | 広告費用 / エンゲージメント数 | エンゲージメント単価。エンゲージメントはTwitterのリツイートのようなユーザーの行動のこと。 |
| CPF | Cost Per Fan | 広告費用 / ファン数 | ＳＳＭで、たとえばFacebookの「いいね！」１つを獲得するのにかかった広告費用。 |
| CPI | Cost Per Install | 広告費用 / インストール数 | アプリマーケティングで、アプリを１回インストールしてもらうのにかかった広告費用。 |
| CPV | Cost Per View | 広告費用 / 視聴数 | 動画マーケティングで、動画広告を１回再生してもらうのにかかった広告費用。 |

# アクセス解析の味方「Googleアナリティクス」

## アクセス解析ツールの代表「Googleアナリティクス」

ここまで見てきたような指標を駆使し、訪問者やＷｅｂサイトを分析するのがアクセス解析です（☞60ページ）。

しかし、アクセス解析の基になるデータは、どのように収集するのか、疑問に思われた方もいるでしょう。実は、「**アクセス解析ツール**」と呼ばれるソフトウェアがあるのです。

アクセス解析ツールの代表的なものが、Googleが提供する「**Googleアナリティクス**」です。

Googleアナリティクスを利用すると、右の表のようなことがわかり、自動的にデータが蓄積されていきます。

## Googleアナリティクスを利用するには

Googleアナリティクスは、基本的に無料で利用できます。有料版もありますが、大規模なＷｅｂサイト向けです。

Googleアカウントがあれば、Googleアナリティクスのアカウントが取得できます。

Googleアナリティクスのアカウントで「トラッキングコード」と呼ばれる一種のプログラムを取得し、Ｗｅｂページに埋め込むと、Googleアナリティクスにより、各種のデータが得られるようになります。

このようなツールがあるので、一般のＷｅｂサイトでも複雑なアクセス解析ができるようになっているのです。

## Googleアナリティクスでわかること（例）

| | | |
|---|---|---|
| ユーザー | ●ＰＶ・ＵＵ・セッション<br>●画面解像度／ブラウザ<br>●回線／プロバイダ<br>●国／地域<br>●Windows／MacOS／iOS／Androidの別<br>●新規顧客／リピーター<br>など | どんな訪問者がどれだけ訪れているか |
| 集　客 | ●自然検索から／ソーシャルメディアから／ＵＲＬから／リスティング広告から<br>●ソーシャルメディア（Facebook／Twitter／Instagramなどの別）<br>●広告から／非広告から<br>●検索クエリ<br>など | どこからどのように訪れているか |
| 行　動 | ●ランディングページ<br>●閲覧ページ<br>●サイト内の移動経路<br>など | サイト内でどのように行動しているか |
| コンバージョン | ●コンバージョン<br>など | どれくらい成約しているか |

# CRM（顧客関係管理）は マーケティングの重要ツール

## 問い合わせの内容まで記録していく「CRM」

「CRM」は、指標の名前ではありません。一種のマネジメント手法です。この章の終わりに、現在のデジタルマーケティングにとって重要な2つのツールを紹介しておきます。

ひとつ目はCRMです。「カスタマーリレーションシップマネジメント」の略で、日本語では「**顧客関係管理**」となります。つまり、顧客の情報を記録・管理し、分析してマーケティング施策を実施する手法です。

そんなことは、昔から行なわれていることと思われるかもしれませんが、CRMは少し違います。

年齢や性別といった属性の情報だけでなく、「関係」とあるとおり、購買履歴はもちろんのこと、クレームや問い合わせの内容まで記録・蓄積していくのです。

## ITがCRMを可能にした

一人ひとりの顧客にそんな手間とコストをかけるのは、割に合わないと思うかもしれませんが、CRMがめざすものは**LTV**です。

**【LTV】ライフタイムバリュー＝顧客生涯価値。顧客が企業にもたらしてくれる、一生涯分の価値＝利益。顧客生涯価値を計算すると、新規顧客の獲得より、現在の顧客と生涯に渡って、長期的な関係を築いたほうが利益が大きくなることがわかる。**

LTVで考えれば、CRMへの投資は十分に採算がとれるものに

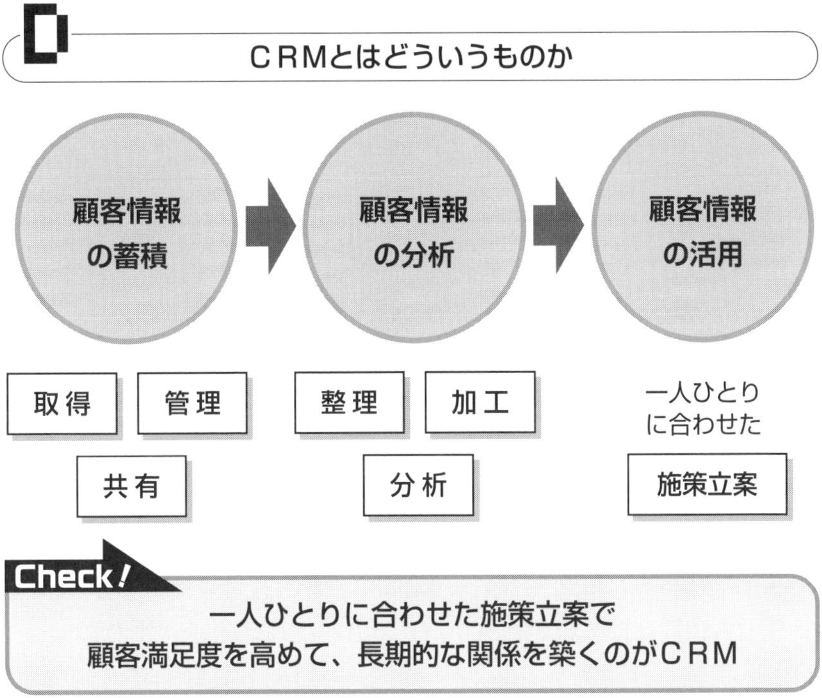


なります。

顧客情報を詳細に記録して、長期的な関係を築く考え方は昔からありましたが、ＩＴの進歩と普及で実現が可能になったのです。当初は、各企業がデータベースなどを使って行なっていましたが、現在では「**ＣＲＭシステム**」が開発され、販売されています。

## ＣＲＭで顧客満足度を高める

ＣＲＭでは上の図のように、顧客の情報を詳細に記録・蓄積し、分析を行ないます。

すると何が起こるかというと、顧客をたくさんのグループにセグメントして、グループごとに違うマーケティング施策を打ったり、最終的には一人ひとりに合わせた施策ができるようになるのです。

つまり、顧客満足度を高めて、優良顧客として育成・維持していくというのがＣＲＭの考え方です。

# 業務を効率化するMA（マーケティングオートメーション）

## MA（マーケティングオートメーション）とは

ＣＲＭは、顧客関係管理という訳語からもわかるように、すでに顧客化した人や会社をマネジメントします。その前、見込み客の段階で近年、進んでいるのが「**ＭＡツール**」の導入です。

ＭＡは、「マーケティングオートメーション」の略、「**マーケティングの自動化**」のことをいいます。

たとえば、見込み客に対して定期的に情報を送信するなどのルーティンの仕事、見込み客のなかから成約の可能性が高い見込み客（ホットリード）を絞り込むなどの複雑な仕事を、自動化するのがＭＡです。

ＭＡによって、担当者の仕事は効率化することができ、人手ではできなかったような大量の情報処理や、適切なタイミングでのコミュニケーションができるようになります。

## すべてが自動的に行なわれるわけではない

ＭＡツールでは、右の図にあるようなことができます。

ただし、すべてが自動的に行なわれるということではありません。たとえば、メールの送信などは、どのような見込み客に、どんなタイミングで、どのメールを送る、とシナリオを設定しておきます。

すると、ＭＡツールが自動的にタイミングを判断し、シナリオに設定されたメールを送信するというわけです。

## MAとはどういうものか

- 見込み客の管理
- Ｗｅｂページの作成
- ランディングページ
- 入力フォームの作成

など

- シナリオの設定
- アクセス解析
- コンテンツ配信
- メルマガの配信

など

- スコアリング
- ホットリードの選抜

など

**Check!**

**ＭＡでは見込み客の創出から育成、見込み客の選抜までを自動化する**

### 営業部門にはＳＦＡ

ＭＡツールでは、見込み客の育成も行ないますが、営業部門があって人が商談から受注までを行なう会社では、育成の後に見込み客の選抜という仕事があります。

リードジェネレーション、リードナーチャリング（☞26ページ）に対して、**リードクォリフィケーション**（qualification）と呼ばれる段階です。

そのためには、見込み客の属性や行動に応じて点数を付けます。これが「**スコアリング**」です。スコアリングで高得点の見込み客が、ホットリードになります。

ホットリードをリストにし、営業部門に渡すところまでがＭＡツールを使った仕事です。

ＭＡツールを使った仕事はここまでですが、営業部門に対しても近年は、その業務を支援するＩＴ化が進められています。

「ＳＦＡ」といい、「セールスフォースオートメーション」の略です。日本語にすると、「営業部隊（の業務支援）自動化」といったところでしょうか。

ＳＦＡでは、顧客情報、顧客との交渉の記録、交渉の進捗状況、販促資材、営業担当者の行動予定などを、システムで一元的に管理することができます。

# 4章

## デジタル広告はいま、こうなっている

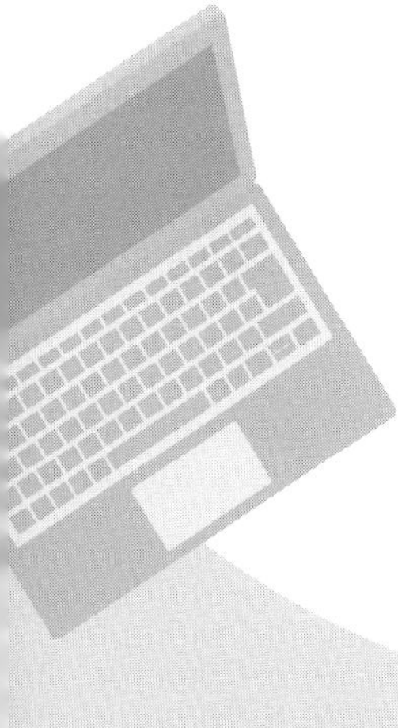

Digital
Marketing

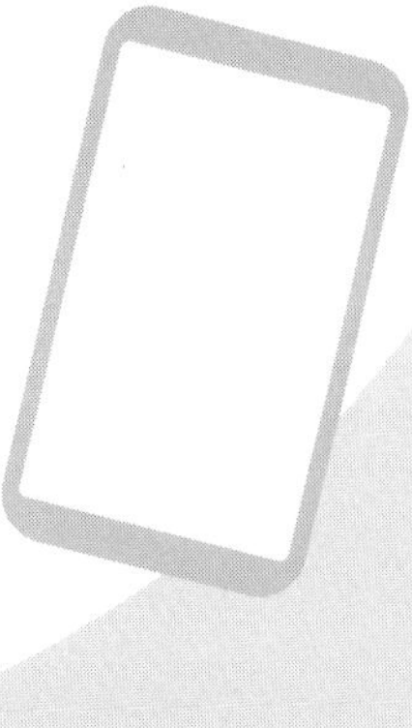

# 48 デジタル広告で大きな役割を果たす「アドテクノロジー」

## デジタル広告の種類はいろいろ

デジタルマーケティングのなかで、大きな位置を占めるのが広告です。**デジタル広告**とか、**インターネット広告**、**ネット広告**、**オンライン広告**など、いろいろな呼び方がありますが、同じことをいっています。この本では、「**デジタル広告**」と呼ぶことにしましょう。

デジタル広告には、これまでも出てきたようにいろいろな種類があって、バラバラなように見えます。これは、分類のしかたによって、いろいろな呼び方があるからです。主な分類をあげてみると、右の図のようになります。

その広告の特徴を、最もよくあらわす呼び方をするので、統一感がない、バラバラな呼び方になっているわけです。

ですから、呼び方がその広告のすべてをあらわすわけではありません。たとえば、形はバナー広告、課金方式で見るとＰＰＣ広告、配信方式でいうとアドネットワーク広告という広告もあります。

## 「アドテクノロジー」「アドテク」とは

デジタル広告で大きな役割を果たしているのが、「**アドテクノロジー**」です。そのまま訳せば「広告技術」ですが、とくに配信や課金の技術などのことを指してこういいます。「**アドテク**」と略すこともあります。

この章では、そうしたアドテクノロジーや広告の種類など、デジタル広告のいまを見ていくことにしましょう。

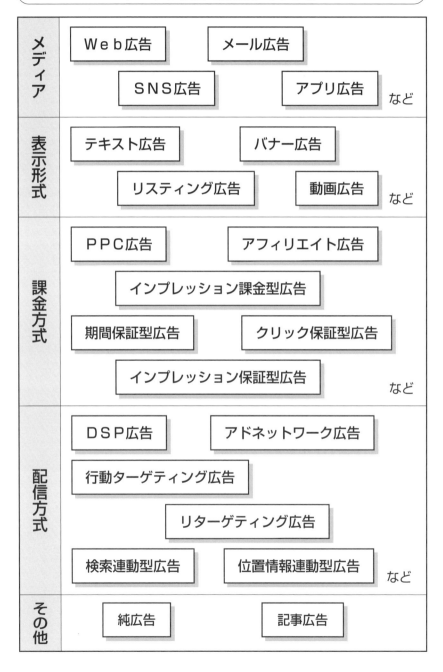

## デジタル広告を分類してみると

| | |
|---|---|
| メディア | Web広告、メール広告、SNS広告、アプリ広告 など |
| 表示形式 | テキスト広告、バナー広告、リスティング広告、動画広告 など |
| 課金方式 | PPC広告、アフィリエイト広告、インプレッション課金型広告、期間保証型広告、クリック保証型広告、インプレッション保証型広告 など |
| 配信方式 | DSP広告、アドネットワーク広告、行動ターゲティング広告、リターゲティング広告、検索連動型広告、位置情報連動型広告 など |
| その他 | 純広告、記事広告 |

# 「Ｗｅｂ広告」から「アプリ広告」までメディアの種類はいろいろ

## Ｗｅｂページに掲載する「Ｗｅｂ広告」

まず、メディアごとの広告の違いから見ていきましょう。

Ｗｅｂページに掲載される「**Ｗｅｂ広告**」は、デジタルメディアのなかでも最も歴史が古いだけに、種類も豊富です。世界で最初のデジタル広告もＷｅｂ広告でした（☞36ページ）。

技術的にもさまざまな技術が開発されていて、アドテクノロジーの技術もＷｅｂ広告のなかで開発されたものがほとんどです。

パソコンはいま、さまざまな面でスマートフォンに追い抜かれていますが、スマートフォンでもＷｅｂをブラウザで閲覧することに変わりはないので、Ｗｅｂ広告は健在です。

## メールで送信する「メール広告」

「**メール広告**」は、大別するとメールマガジンに掲載する広告と、メールアドレスを登録した会員などに直接、送信するメール広告があります。

前にもふれたように、ＳＮＳ広告など他のデジタル広告の種類が増えたために、利用が減っているのも事実です。

## ＳＮＳごとに異なる「ＳＮＳ広告」

「**ＳＮＳ広告**」は、ＳＮＳごとに表示される場所も、形も異なり、それぞれ独自の特徴があります（☞63ページ）。

ＳＮＳの名前を付けて、それぞれ「Facebook広告」「Twitter広告」「Instagram広告」「LINE広告」と呼ばれます。

## メディアの違いによる広告の種類は

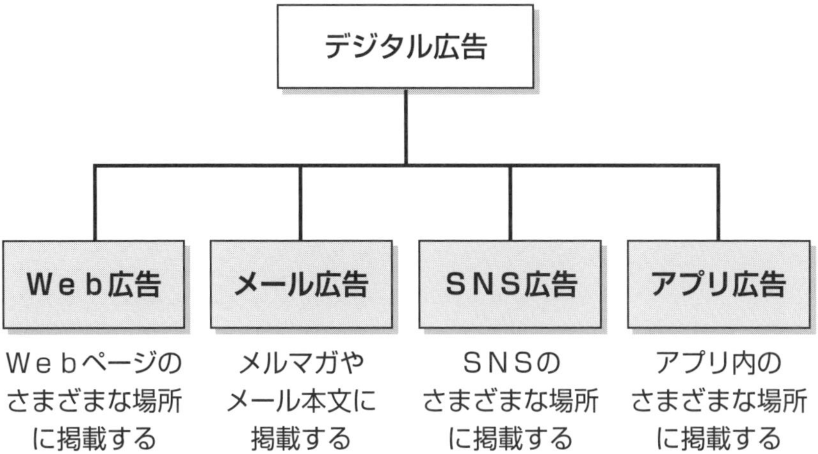


**Check!**

**デジタル広告はメディアの違いにより Ｗｅｂ広告やメール広告などに分類できる**

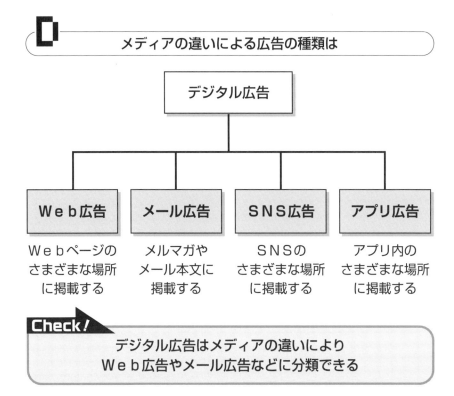

### アプリ内のさまざまな場所に掲載する「アプリ広告」

「**アプリ広告**」は比較的、歴史が浅い広告です。2018年に、スマートフォンの利用率がパソコンの利用率を超え、スマホで閲覧するＷｅｂ広告とともに、新しいタイプの広告として注目されるようになっています。

基本的には、Ｗｅｂ広告と同じ形で、アドネットワークによる広告配信なども可能です（☞57ページ）。

ただし、スマホでの閲覧を前提としているため、画面の小ささに対応した工夫も見られます。たとえば、バナーに直接、商品を掲載せず、バナーをクリックすると商品一覧ページに移動するタイプなどです。バナーも掲載せず、アイコンを置くタイプもあります。

なお、ＳＮＳ広告も、公式アプリで閲覧している場合には、アプリ広告の一種といえるでしょう。

# 50 テキストから動画まで表示形式もさまざま

## 広告枠に画像や動画を表示する「バナー広告」

次に、表示形式による違いを見てみましょう。

最も歴史が古く、最も基本的な表示形式によるものが「**バナー広告**」です。「バナー」とはもともと旗、それもパレートなどの先頭で、何人もの手で持つ細長い横断幕などを意味します。

現在では広告としての意味もすっかり定着し、辞書にも「Ｗｅｂページの長方形の広告枠」として載っているくらいです。バナーには静止画像のほか、動画を表示することもできます。

バナーをクリックまたはタップすると、広告主のＷｅｂサイトが表示されるタイプが基本です。

## 検索結果画面やメールに表示する「テキスト広告」

画像ではなく、テキストを表示するのは「**テキスト広告**」です。検索連動型広告（☞46ページ）や、メール広告、メールマガジンで多く使われる形式になっています。とくに検索連動型広告は、テキスト広告の代表です。

通常は、広告見出し表示、広告主の名称、広告文の３つの要素で構成され、広告見出し表示をクリックまたはタップすると広告主のＷｅｂサイトが表示されます。

## 動画サイトやＷｅｂページに表示する「動画広告」

バナーなどに静止画像でなく、動画を表示するのが「**動画広告**」です。「**インターネットＣＭ**」などということもあります。静止画

## 表示形式の違いによる広告の種類は

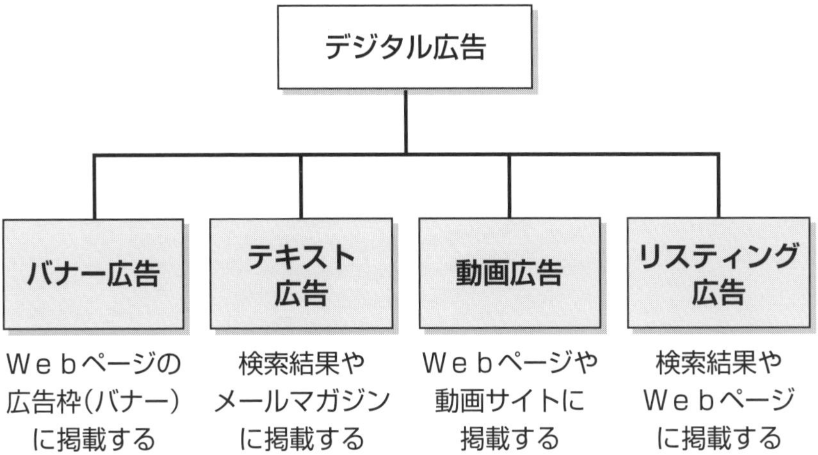


**Check!**
**デジタル広告は表示形式の違いにより バナー広告やテキスト広告などに分類できる**

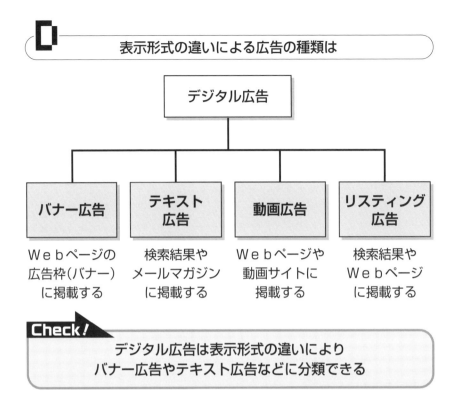

像に比べて、インパクトが強いことが最大の特徴です。

表示する場所により、「インストリーム広告」「インフィード広告」「インバナー広告」「インリード広告」の違いがあり、インストリーム広告は動画サイトで表示される、その他はＷｅｂページに表示されるという違いもあります（☞71ページ）。

動画をクリックまたはタップすると、広告主のＷｅｂサイトが表示されるのが一般的です。

### 検索などに連動して表示される「リスティング広告」

リストの形式で表示されるのは「**リスティング広告**」です。

検索連動型広告のことをリスティング広告と呼ぶ場合もありますが、正確にいえばリスティング広告には、検索連動型とコンテンツ連動型があります（☞122ページ）。

# 「ＰＰＣ」から「アフィリエイト」まで広告料金もさまざま

## クリック課金型の「ＰＰＣ広告」

次に、広告料金の支払い方、つまり課金方式によって分類してみましょう。

課金方式には、「○○があったら、１回につき××円」という課金型と、「○○円支払ったら、△△を××回」という保証型があります。まず、課金型から見ていきます。

現在の課金方式の主流は、「**クリック課金型広告**」です。つまり、クリック１回についての広告料金が決まっていて、広告がクリックされた回数に応じて、広告料金を支払うわけです。

これを「**ＰＰＣ広告**」といいます。ＰＰＣは「ペイ・パー・クリック」の略で、クリック数に応じて支払うという意味です。ＰＰＣ広告のクリック単価は、ＣＰＣになります（☞102ページ）。

また、リスティング広告（☞122ページ）はたいていクリック課金型です。そのため、ときにはリスティング広告のことをＰＰＣ広告と呼んでいることもあるので、注意しましょう。

## 表示された回数に応じて「インプレッション課金型広告」

次に、「**インプレッション課金型広告**」があります。「インプレッション」とは、広告が表示された回数のことで、１回表示されたら１インプレッションと数えるわけです。

広告料金は、1,000インプレッションいくらと決めておき、インプレッションの回数に応じて支払います。1,000インプレッション当たりの料金は、ＣＰＭです（☞102ページ）。

## 課金方式の違いによる広告の種類は

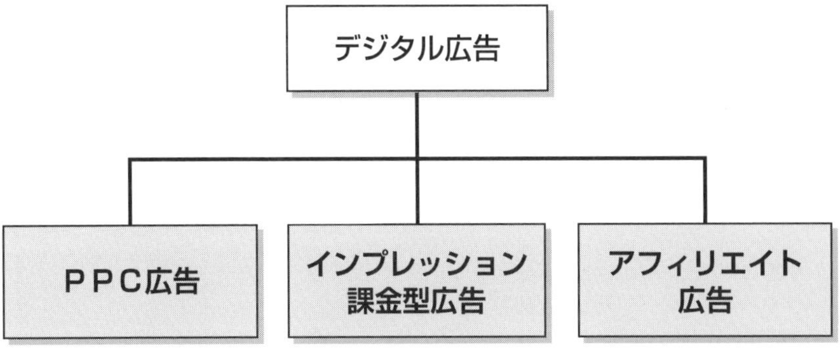


クリック課金型広告。ペイ・パー・クリック広告

表示された回数に応じて広告料金を支払う広告

成果報酬課金型広告。成果に応じて料金を支払う広告

**Check!**

**デジタル広告は課金方式の違いにより PPC広告やアフィリエイト広告などに分類できる**

### 成果報酬課金型の「アフィリエイト広告」

クリックや表示ではなく、何か成果があがったときに広告料金が支払われる方式もあります。「**成果報酬課金型広告**」といいますが、この方式はほとんど、アフィリエイトプログラムで利用されているので、一般には「**アフィリエイト広告**」と呼ばれます。

**【アフィリエイトプログラム】** アフィリエイト（☞58ページ）のしくみをアフィリエイトプログラムという。ちなみに、アフィリエイト（affiliate）には「提携する」「仲間に入る」などの意味がある。

アフィリエイトの成果は、商品やサービスの購入、申込み、資料請求、問い合わせなど、広告主があらかじめ決めています。クリックや表示より、ハードルが高いのが普通です。

# クリックから動画再生まで保証型広告もさまざま

## 一定期間の掲載を保証する「期間保証型広告」

保証型の広告には、課金型にはない「**期間保証型広告**」というものがあります。これは、ある特定の広告枠に、一定期間、広告を掲載することを保証するというものです。

広告料金は定額で、もし掲載期間を延長したければ、同じ額を支払って更新します。

表示は保証されますが、クリックや成果は、あってもなくても保証されません。

## クリック数を保証する「クリック保証型広告」

このように、回数や成果に応じて課金する広告と違い、保証型の広告ではあらかじめ期間や回数、広告料金の額が決まっています。つまり、○○円の広告料金で、△△を××日（××回）、保証します、という方式です。

そこで、同じクリック数を基準にした広告でも、「**クリック保証型広告**」では、広告料金と保証するクリック数が決まっています。保証期間も決まっていることが多いですが、保証した数に達しない場合は掲載が継続されるのが一般的です。

広告料金を保証されたクリック数で割ると、ＣＰＣが計算できます（☞102ページ）。

## インプレッション数を保証する「インプレッション保証型広告」

クリックではなく、インプレッション数を保証する「**インプレッション保証型広告**」もあります。

## 保証型の違いによる広告の種類は

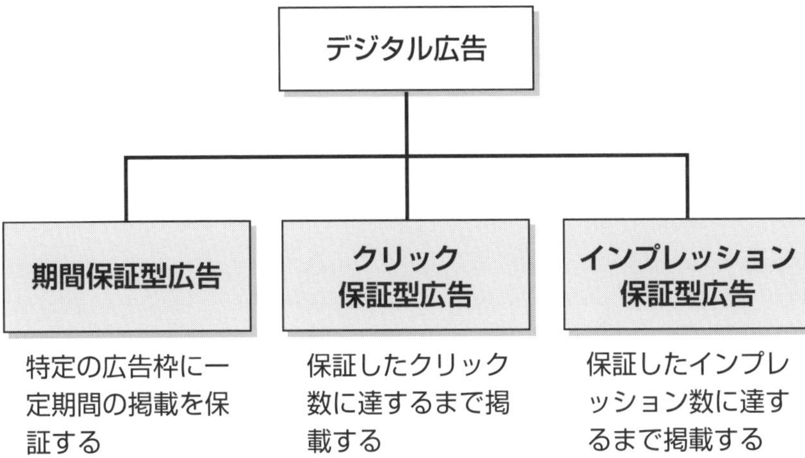
デジタル広告
期間保証型広告
クリック保証型広告
インプレッション保証型広告
特定の広告枠に一定期間の掲載を保証する
保証したクリック数に達するまで掲載する
保証したインプレッション数に達するまで掲載する

**Check!**

**デジタル広告は保証型の違いにより期間保証型広告やクリック保証型広告などに分類できる**

広告料金と保証するインプレッション数が決まっていて、保証期間内に保証した数が表示されるか、保証した数に達するまで掲載を続ける広告です。

広告料金を保証されたインプレッション数で割ると、ＣＰＭが計算できます（☞102ページ）。

### 「再生保証型広告」や「配信保証型広告」も

このほか、動画広告では「**再生保証型広告**」もあります。なかには、動画が最後まで再生された場合のみ、カウントするタイプもあります。

また、メール広告などで利用されるのが「**配信保証型広告**」です。メール広告ではクリックや表示が行なわれないので、配信数によって広告料金を決めるわけです。

# 検索画面でおなじみの「リスティング広告」

## 「検索連動型」と「コンテンツ連動型」がある

主なタイプの広告を、具体的に見ていきましょう。まずは、検索エンジンでおなじみの「**リスティング広告**」です。

リスティング広告は、リストの形をした広告ですが、これまでも見てきたように、配信方式では検索連動型広告（☞46ページ）と、コンテンツ連動型広告（☞56ページ）があります。

検索連動型広告の配信サービスとしては、「Google広告」が運営する「Google検索ネットワーク」が代表的です。Google AdWordsという名前を覚えている方がいるかもしれませんが、2018年に名称が変更されてGoogle広告になりました。

一方、コンテンツ連動型広告は、後で説明するアドネットワークなどで配信されます（☞130ページ）。代表的なコンテンツ連動型広告配信ネットワークが、ＧＤＮ（Googleディスプレイネットワーク）です（☞126ページ）。

## コンテンツ連動型が「ＰＰＣ広告」と呼ばれるワケ

検索連動型でもコンテンツ連動型でも、リスティング広告は通常、クリック課金方式で広告料金を支払います。

そこで、リスティング広告＝ＰＰＣ広告と呼ばれることが多いわけです。ＰＰＣ広告とは、クリック課金型のことをいいます（☞118ページ）。

## 検索結果の画面にあらわれる「Googleショッピング広告」

ところで、「ショッピング広告」という広告に、気づいたことが

## 「リスティング広告」とは

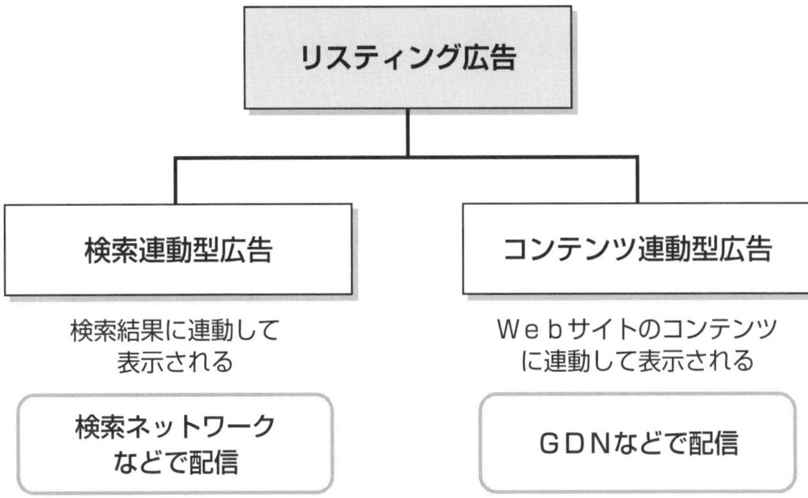
リスティング広告
検索連動型広告
検索結果に連動して
表示される
検索ネットワーク
などで配信
コンテンツ連動型広告
Ｗｅｂサイトのコンテンツ
に連動して表示される
ＧＤＮなどで配信

**Check!**

**リスティング広告には２種類あり**
**配信方法や配信サービスも異なる**

あるでしょうか。Googleで「通販」や「購入」など、商品の購買に関連した語句を付けて検索するとあらわれます。これもリスティング広告の一種です。

ちゃんと「広告」と表示されていますが、通常のリスティング広告と違って写真付きになっています。検索結果でいきなり、商品の画像が見られるので、広告効果は高いといえるでしょう。

商品の購買に関連した語句を付けて検索する人は、最初から購入する目的で検索をしていると考えられるので、あらかじめターゲットが絞られているといえます。

ショッピング広告は、検索結果画面の「すべて」のタブのほか、「ショッピング」のタブでも見ることが可能です。

# リスティング広告配信サービス「Google検索ネットワーク」

## Google検索以外にも配信されている

検索連動型広告は、どのように配信されるのでしょうか。日本最大の検索連動型広告配信サービスが「**Google検索ネットワーク**」です。

実は、Google広告の検索連動型広告は、Google検索以外にもさまざまな検索エンジンや、**ポータルサイト**に配信されています。

**【ポータルサイト】** さまざまなWebページの入口、玄関口になる大きなサイトのこと。ポータル（portal）はもと門、玄関の意味だが、転じて発端、始めの意味がある。

Google検索はもちろん、GoogleマップやGoogleショッピング、さらに右の図のような提携するWebサイト、「Google検索パートナー」で構成されるのが、Google検索ネットワークです。数百ものサイトと提携しているそうです。

## 検索連動型広告はどこに表示されるか

広告の表示位置は、Google検索の場合、検索結果の上や下ですが、Googleマップ（マップアプリも含む）やGoogleショッピングでは、横、上、下に表示されます。

検索パートナーのWebサイトでは、検索結果とともに表示されたり、関連する検索やリングの一部として表示されたりします。

ショッピング広告も、商品の画像とリンクが表示できる検索パートナーのWebサイトでは表示されます。

## 「検索ネットワーク」とは

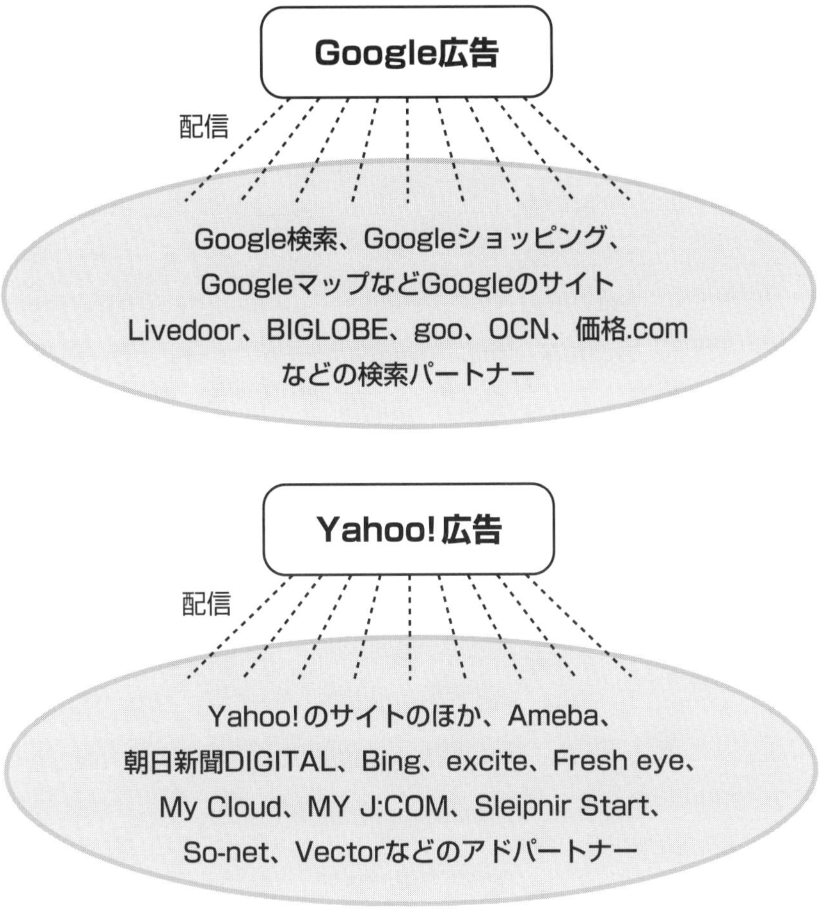


### Yahoo!の「Yahoo!アドパートナー」

Yahoo!の「Yahoo!広告」にも、Google検索ネットワークと同じしくみがあります。

ただし、当たり前の話ですが提携先に重複はありません。両方のネットワークと、提携するＷｅｂサイトはないわけです。

2020年７月現在、「Yahoo!アドパートナー」には上の図のようなサイトがあります（ほか多数あり）。

# 55 コンテンツ連動型広告が配信できる「ＧＤＮ」

## ＧＤＮ（Googleディスプレイネットワーク）とは

コンテンツ連動型広告のほうも見ておきましょう。

コンテンツ連動型広告を配信できる、日本最大の広告配信サービスが「**ＧＤＮ**」（**Googleディスプレイネットワーク**）です。「ディスプレイ」とあるのは、ディスプレイ広告（☞次項）を配信するネットワークであることを示しています。

ＧＤＮは、とくにコンテンツ連動型広告に特化した配信ネットワークではありません。しかし、「**トピックターゲット**」という、Ｗｅｂサイトの属性（「農業」「音楽」など）にターゲットを絞って配信する機能があります。

また、「**ディスプレイネットワークのキーワード**」という、Ｗｅｂサイトのキーワードを指定できる機能を利用することも可能です。

この２つを組み合わせて使うと、コンテンツ連動型広告の配信が可能になるのです。

## ＹＤＡ（Yahoo!広告・ディスプレイ広告）もあるが…

Yahoo!にも、「**ＹＤＡ**」（**Yahoo!広告・ディスプレイ広告**）というディスプレイネットワークがあります。

**ＹＤＮ**（**Yahoo!ディスプレイアドネットワーク**）という名前を、覚えている方がいるかもしれませんが、2020年７月からＹＤＡのサービス提供が開始され、ＹＤＮは2021年春にサービスの提供を終了する予定です。

ＹＤＡには、サイトカテゴリーを指定する機能がありますが、Ｇ

## 「ＧＤＮ」とは

**Check!**
**ＧＤＮはGoogle AdSense200万のサイトが
そのまま200万のディスプレイ広告配信先になる**

ＤＮのようなキーワードを指定する機能はありません。

## ＧＤＮが200万のサイトで構成されるワケ

ＧＤＮは、提携する200万のＷｅｂサイト（配信先）と65万のアプリで構成される巨大なディスプレイ広告配信ネットワークです。

後で説明するGoogle AdSenseのサイト運営者200万人が、そのままＧＤＮの配信先になっているので、200万という巨大な配信先の数になっています（☞138ページ）。

ＹＤＡは、提携サイトを法人に限っていますが、ＧＤＮでは個人が運用するブログなども配信先の候補になるわけです。

ただし、ＹＤＮではYahoo! JAPANなど、自社のサービスのサイトにも多くのディスプレイ広告が配信されるのに対し、ＧＤＮはGoogleのサービスに広告枠が少ないのが特徴です。

# 56 GDNやYDAが配信する「ディスプレイ広告」とは

## ディスプレイ広告は広告枠に表示される

ＧＤＮとＹＤＡは、代表的な「**ディスプレイ広告**」の配信サービスです。ちなみに、ＹＤＡの正式名称はYahoo!ads Displayads Auctionとなっています。「ads」はadvertisements、すなわち「広告」の複数形の略で、よく使われる表記です。

なぜ、「オークション」が付いているのかは、この後を読めばわかるでしょう（☞132ページ）。日本語では「Yahoo!広告・ディスプレイ広告（運用型）」となります。

それはともかくとして、ディスプレイ広告とはＷｅｂサイトやアプリの広告枠に表示される広告のことです。表示の形式は問わないので、広告枠に表示されればテキストでも、静止画像でも動画でも、みなディスプレイ広告となります。

ただし、広告枠に表示されるのは圧倒的に静止画像が多いので、ディスプレイ広告＝バナー広告の意味で使うこともあります（☞116ページ）。

ちなみに、Yahoo! JAPANのホームページで、ファーストビューの右側に表示されるバナー広告は、典型的な例として、よくディスプレイ広告の説明のために使われるものです。

## 課金方式にも違いがあることが

ディスプレイ広告は、検索連動型広告と比べてみるとわかりやすいでしょう。右の表にまとめてみました。

表示される場所や、表示される形式のほか、課金方式にも違いが

## 検索連動型広告とディスプレイ広告の違い

| | 検索連動型広告 | ディスプレイ広告 |
| --- | --- | --- |
| 表示される場所 | 検索結果のページ | サイト・アプリの広告枠 |
| 表示されるサイト | Google検索パートナーやYahoo!アドパートナーなどのサイト | ＧＤＮやＹＤＡが提携するサイトやアプリなど |
| 表示される形式 | 原則としてテキスト | テキスト、静止画像、動画など |
| 課金方式 | クリック課金型 | クリック課金型、インプレッション課金型 |

あることがわかります。

検索連動型広告ではほとんどの場合、クリック課金型（ＰＰＣ広告）ですが、ディスプレイ広告ではクリック課金型のほか、インプレッション課金型になることがあります。

### ディスプレイ広告なら潜在顧客も対象に

コンテンツ連動型広告も、ディスプレイ広告に分類されますが、ＧＤＮでキーワードなどを細かく指定すれば、検索連動型広告と同じく、かなりターゲットを絞ることができます。

しかし、ディスプレイ広告全般としては、ターゲットを絞り込まないような設定も可能です。大ざっぱなキーワードを指定するなどすれば、それだけ広告の対象が広がるからです。

このように、潜在顧客のより幅広い層に向けた広告が可能になるのも、ディスプレイ広告の特徴のひとつになっています。

# 「アドネットワーク」がＷｅｂ広告の世界を変えた

## 「アドネットワーク」「アドネットワーク広告」とは

ＧＤＮやＹＤＡのような広告配信ネットワークを「**アドネットワーク**」と呼び、アドネットワークを通じて配信される広告を「**アドネットワーク広告**」と呼びます。アドネットワークは、アドテクノロジーの代表的なひとつです（☞112ページ）。

アドネットワークが登場する前は、広告主や広告代理店が１つずつＷｅｂサイトを広告媒体として選び、広告出稿を依頼していました。Ｗｅｂサイトごとに課金方式や広告の形態が異なり、実際の広告掲載までには、相当な時間と手間がかかっていたわけです。

アドネットワークの登場により広告主は、アドネットワークをひとつの広告媒体として出稿すればよくなり、時間と手間が省けます。広告の出稿が簡単になり、Ｗｅｂ広告全体の出稿量が増えました。

また、意外に思うかもしれませんが、広告掲載後に提供されるデータの活用が可能になったことも、大きなメリットです。アドネットワーク以前は、Ｗｅｂサイトごとにバラバラの指標が提供され、比較・分析がむずかしかったのが、統一されたからです。

## アドネットワークはこんなしくみで配信する

アドネットワークは、どのようなしくみで広告を配信しているのでしょうか。

右の図を、右から順にみてください。ユーザーが広告枠のあるＷｅｂページを開いたとします。すると、広告枠がひとつ生まれ、アドネットワークのアドサーバーは、出稿されている広告の「広告オ

## アドネットワークが広告を配信するしくみ

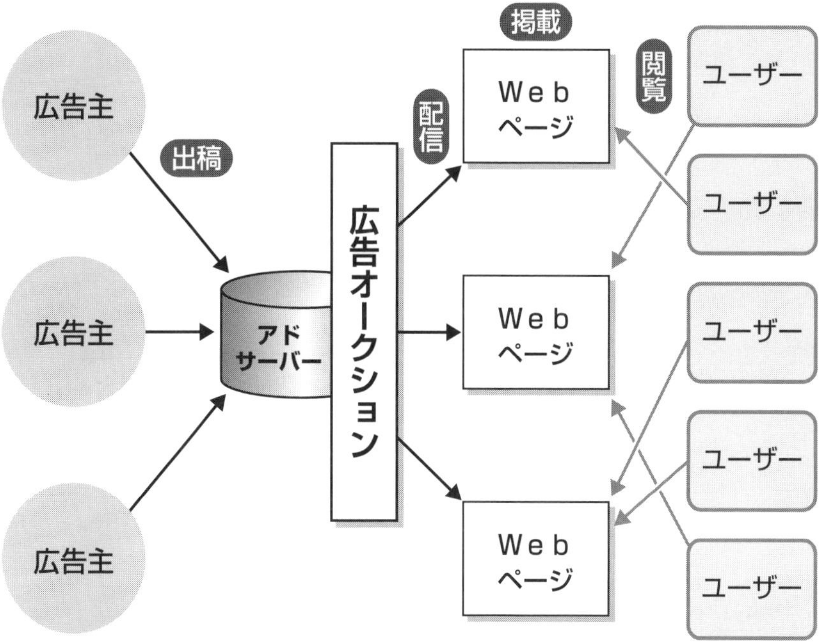


ークション」を行なうのです（☞次項）。

広告オークションの勝者がWebページの広告枠に送信され、ユーザーはそれを目にすることになります。

Webページを開いたときに、ひと呼吸おいてから広告が表示されると感じることがあったら、それはアドサーバーで広告オークションが行なわれているのかもしれません。

### アドネットワークは「運用型広告」

このようなしくみのため、アドネットワーク広告などでは毎回、広告枠、広告料金（入札額）、広告コンテンツ、ターゲットなどが変わります。このように、いろいろな要素を変動させながら出稿していく広告を「**運用型広告**」といいます。

リスティング広告なども、典型的な運用型広告です。

# 広告の掲載や、掲載順位を決める「広告オークション」

## 広告オークションのしくみ

「**広告オークション**」は、いろいろなタイプの広告配信で行なわれています。リスティング広告の掲載順位なども、広告オークションで決められていることのひとつです。

ここでは、Google広告などの例で、広告オークションのしくみを見てみましょう。

Google広告のヘルプによると、広告オークションはユーザーが検索クエリを入力した時点がスタートです。まず、入力した内容と一致する検索キーワードが設定された広告がすべて、選び出されます。

次に、選び出された広告のうち、外国向けだったり、Googleのポリシー違反にあたり承認されていないものが除かれます。これらは対象外です。

残った広告のなかで、**広告ランク**が高い順に広告が表示されます。

**【広告ランク】** Google広告のヘルプによると、「入札単価や広告の品質、広告ランクの最低基準、ユーザーの検索状況、広告表示オプションやその他の広告フォーマットの見込み効果に基づいて算出されるスコア」。

また、検索された語句と広告の関連性も重要です。

ヘルプには「競合相手が自分よりも高い入札単価を設定していても、キーワードと広告の関連性が高ければ低い入札単価で相手を上回る掲載順位を獲得できる可能性がある」と記されています。

## 掲載順位を決める広告ランクとは

**計算例**

| 広告 | 入札価格 | | 広告の品質 | | 広告ランク | | 順位 |
|---|---|---|---|---|---|---|---|
| 広告A | 200円 | × | 3 | = | 600 | …… | 3位 |
| 広告B | 100円 | × | 9 | = | 900 | …… | 1位 |
| 広告C | 150円 | × | 5 | = | 750 | …… | 2位 |

### 広告ランクの計算例を見てみると

つまり、一般的な広告オークションでは、入札単価だけで掲載順が決まるわけではなく、キーワードとの関連性や品質など、他の要素が重要だということです。

ランクの決め方は配信サービスによって異なりますが、たとえば入札単価以外を「広告の品質」とし、入札単価に掛けて広告ランクを算出する方式だとすると、上のような計算例になります。

広告の品質が低い広告は、よほど高い入札単価を設定しない限り、掲載順位が低いか、掲載されないわけです。

このような広告オークションは、ディスプレイ広告でも行なわれています。ディスプレイ広告の場合は、広告枠がひとつずつなので、順位1位の広告だけが掲載され、2位以下は次のオークションに回ることになります。

# アドネットワークが可能にした「リターゲティング広告」

## サイトを訪れたユーザーを追いかけて配信する

「リターゲティング広告」も、アドネットワークが可能にした技術です。リターゲティング広告では、一度、自社のＷｅｂサイトを訪れたユーザーを追いかけるように、継続的に自社の広告を配信していきます。

一度でもＷｅｂサイトを訪れたということは、そのユーザーが自社や自社の商品に、何かしら興味を持っているということです。ですから、そのユーザーに継続的に広告を配信することは、効果が高いと考えられます。それを行なうのが、リターゲティング広告です。

## ユーザーを追いかける（ように見える）しくみ

リターゲティング広告のしくみは、右の図のようなものです。アドネットワークのアドサーバーと、cookie（クッキー）という機能を使っています。

**【cookie】**ブラウザに情報を記録・保存する機能。たとえばアクセス解析で、ユニークユーザーを判別する場合もcookieが使われている（☞90ページ）。

Ｗｅｂページには、あらかじめ「**リターゲティングタグ**」というものを埋め込んでおきます。すると、Ｗｅｂサイトを訪問したときに、ユーザーのブラウザにcookieが書き込まれるわけです。

次に、ユーザーが別のサイトを訪問したときに、cookieの情報がアドサーバーに送られます。そのサイトが同じアドネットワークで

## リターゲティング広告のしくみ

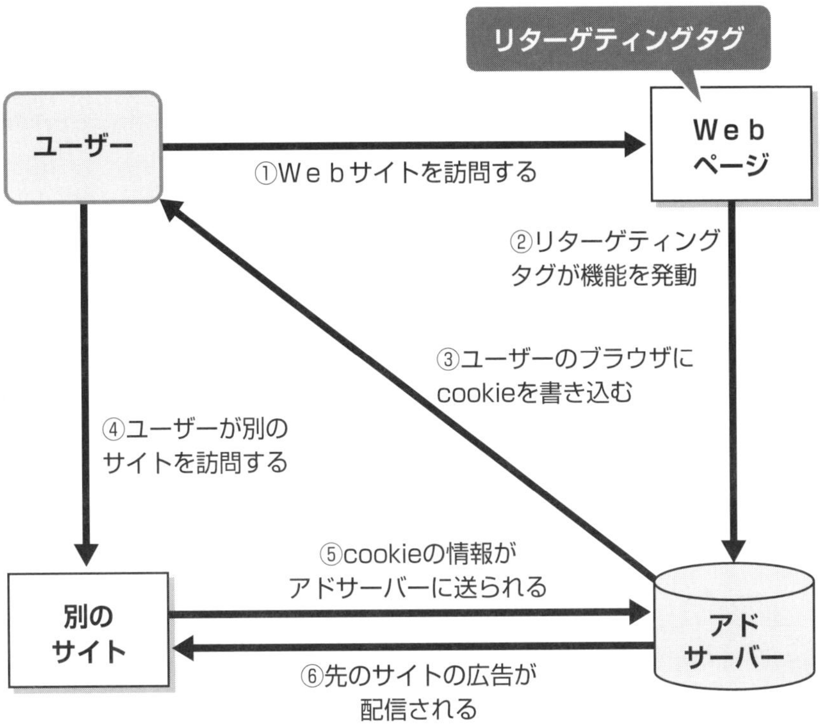
リターゲティングタグ
ユーザー
Ｗｅｂ
ページ
①Ｗｅｂサイトを訪問する
②リターゲティング
タグが機能を発動
③ユーザーのブラウザに
cookieを書き込む
④ユーザーが別の
サイトを訪問する
⑤cookieの情報が
アドサーバーに送られる
別の
サイト
アド
サーバー
⑥先のサイトの広告が
配信される

あれば、先のＷｅｂサイトの広告が送信・表示されるのです。

### ほかに「行動ターゲティング広告」などがある

このように、ユーザーなどを分析し、ターゲットを絞って配信する広告を総称して「**ターゲティング広告**」といいます。アドネットワークで、ユーザーの属性などを設定して、配信するのもターゲティング広告です。

ターゲットを絞らないのは、「**ノンターゲット広告**」といいます。

ターゲティング広告にはほかに、Ｗｅｂサイトの閲覧履歴や、広告のクリックなどの行動履歴、ＥＣサイトの購入履歴などを基に配信する「**行動ターゲティング広告**」などがあります。

# DSPとSSPの連携で最適のターゲットに広告を配信する

## デマンドサイドとサプライサイドのプラットフォーム

「**DSP広告**」と呼ばれる広告もあります。DSPは「**デマンドサイドプラットフォーム**」の略、「要求する側のプラットフォーム」といった意味です。何を要求するかというと、広告枠を要求します。つまり、広告主が広告枠を要求するわけです。

一方、「**SSP**」もあります。「**サプライサイドプラットフォーム**」の略で、広告枠を「供給する側のプラットフォーム」です。

DSPとSSPは、ネットワークではなく、ツールのようなものとされています。

## リアルタイムビディングが行なわれる

DSPとSSPを使った広告の取引は、1枠ごとに（1インプレッションごとに）行なわれます。このとき、DSPとSSPで使われるのが、「**RTB**」と呼ばれるオークションのしくみです。

RTBは「**リアルタイムビディング**」の略、ビッドには入札という意味があります。RTBはリアルタイムとあるとおり、0.1秒以内にオークションを済ませるそうです。

DSP、SSP、RTBを使った広告の配信は、右の図のようです。また右から見てください。

①ユーザーが広告枠のあるWebページを訪問すると、媒体が1インプレッションの発生をSSPに送信します。

②SSPは媒体の情報とユーザーの情報を複数のDSPに送信、同時にDSPにビッド（入札）をリクエストします。

③DSPは内部でRTBを行ない、勝者の入札単価と情報をSSP

## DSPとSSPのしくみ

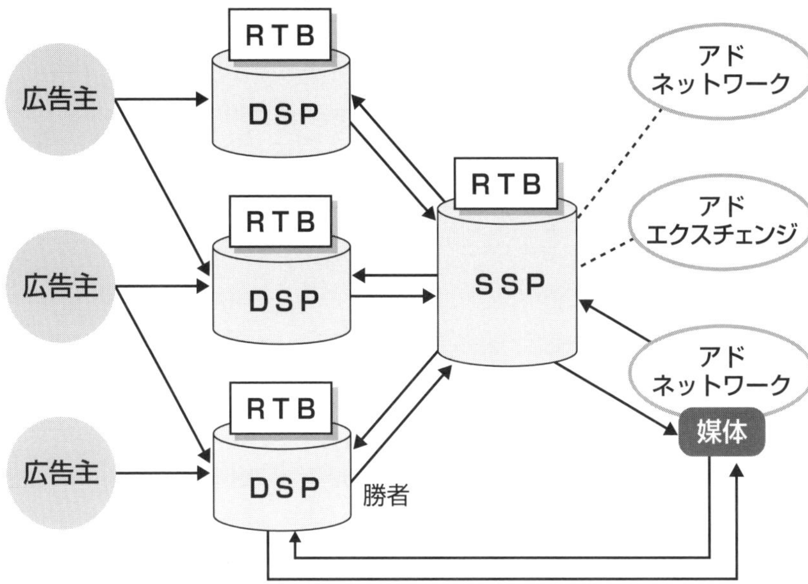


に送信します。

④ＳＳＰは複数のＤＳＰからの入札単価でＲＴＢを行ない、いちばん入札単価が高いＤＳＰの情報を媒体に送信、同時に勝者のＤＳＰに広告のリクエストを送信します。

⑤勝者のＤＳＰが媒体に広告を送信し、広告が表示されます。

ＤＳＰ、ＳＳＰ、ＲＴＢを使った広告の配信では、以上のような取引が広告枠ごと、１インプレッションごとに行なわれるわけです。

このしくみにより、ＤＳＰに出稿するだけで複数のアドネットワークや、**アドエクスチェンジ**に広告が配信できるようになりました。

**【アドエクスチェンジ】** アドネットワークの広告枠を取引する市場。ユーザーが媒体のＷｅｂページを訪問して広告枠が発生すると、ＲＴＢにより取引が行なわれる。

# 61 個人のブログでも広告を貼れる「Google AdSense」

## Google AdSenseはクリック課金かインプレッション課金

同じ広告の配信サービスでも、「Google AdSense」はサイト運営者向けの広告配信サービスです。つまり、個人でブログを運営している人などが、簡単な手続きで広告枠をつくり、ユーザーの反応があれば広告収入を得られます。

アフィリエイト広告と似ていて、実際、アフィリエイトの一種だと思っている人もいるでしょうが、違いは明確です。アフィリエイトは原則として成果報酬課金型ですが（☞119ページ）、Google AdSenseはクリック課金型かインプレッション課金型なのです。

成果報酬型課金とクリック課金では、収入の得やすさがまるで違います。もっとも一般に、クリック課金型やインプレッション課金型は、単価が低く抑えられるので、収入金額としてはアフィリエイトのほうが大きくなるかもしれません。

## 「広告コード」を広告枠に貼り付けるだけ

Google AdSenseは、個人でも参加できるため、数的にはＧＤＮ200万の提携サイトのほとんどを占めています（☞126ページ）。

技術的にもむずかしいことはなく、「広告コード」と呼ばれるものを広告枠に貼り付けるだけです。

広告を自分で選んだりする必要はなく、コンテンツや訪問者の属性にもとづいて、ＧＤＮから自動的に配信されます。逆に、掲載したくない広告をチェックして、サイトのページに表示しない設定は可能です。

## Google AdSenseを始めるには

①最新のGoogle AdSenseプログラムポリシーをチェックする

②自分のサイトがポリシーを順守しているかチェックする

③Google AdSenseに申し込む

④Google AdSenseアカウントを作成する

⑤Google AdSenseアカウントを有効化する

⑥ポリシーに準拠しているかGoogleによる審査が行なわれる

⑦審査に合格すれば広告の掲載が開始される

Google AdSenseでは、広告枠に応じて最も料金が高い広告が配信されるとしています。その広告料金も、Googleから支払われるので、広告主に請求するような手間はありません。

### Google AdSenseのプログラムポリシーを守る

ただし、Google AdSenseの「プログラムポリシー」は順守することが求められます。申し込むとGoogleの審査があり、ポリシーに準拠したサイトかどうかがチェックされるので、あらかじめ準備しておくことが必要です。

広告の配信が始まった後でも、ポリシーの違反があるとGoogle AdSenseのアカウントの停止や、閉鎖をされることがあります。

Google AdSenseを始めるまでの流れを簡単にまとめてみると、上の図のようになります。

# Webにはときどき、記事のような形をした「記事広告」がある

## 「記事広」「タイアップ広告」とも呼ぶ

インターネット広告の分類として、最後にひとつ覚えておきたいのが「**記事広告**」です。名前のとおり、Webページの記事と同じ体裁をしていて、「記事広」（きじこう）と略して呼ばれることもあります。

通常は、記事広告の制作を媒体側が行なうので、「**タイアップ広告**」ともいいます。広告主と媒体が、タイアップして行なう広告という意味です。

記事広告の制作は媒体側に依頼するので、広告料金とは別に、けっこう高額の制作費がかかることがあります。

にも関わらず記事広告が利用されるのは、媒体がすでに持っている信用の力を借りることができるからです。

また、「広告」「ＰＲ」「Sponsored」などの明記があるとはいえ、媒体側が制作しているので、ちゃんと記事として成立していることもあります。

広告でありながら、記事として読まれやすいわけです。

## 広告枠を買い取る「純広告」

記事広告の反対は、強いていえば「**純広告**」です。純広告は、広告枠を買い取って表示される広告で、代表的なものにはYahoo! JAPANのホームページに掲載されている、期間保証型のバナー広告などがあります。ちなみに、この広告の保証期間は１週間です。

ただし純広告には、広告枠に表示される広告という意味があり、

## 覚えておきたい3つの広告の種類

| | |
|---|---|
| 純広告 | 広告枠を買い取り、広告を表示させる広告。アドネットワーク広告やＤＳＰ広告が複数の媒体に表示されるのと異なり、買い取った広告枠だけに表示される。 |
| 記事広告 | 記事の体裁をした広告。通常は媒体側が制作するので、記事と同じ品質が保たれるが、広告料金と別に制作費がかかる。「広告」「ＰＲ」などの明記が必要。 |
| ネイティブ広告 | コンテンツのなかになじむようにつくられた広告。コンテンツのジャマをしないので、読まれやすい。ステマにならないよう、「広告」「ＰＲ」などと明記する。 |

記事広告も基本的には広告枠に表示されるので、記事広告も純広告の一種として分類されることがあります。

### コンテンツになじむ「ネイティブ広告」

記事広告と似たものに「**ネイティブ広告**」というものもあります。これは広告の種類というより、広告のつくり方です。ネイティブ広告は、バナー広告のように目立つのではなく、コンテンツのなかになじむようにつくられます。

ですから、形は記事広告にそっくりですが、通常は広告主側で制作する点が違います。コンテンツを見るジャマにならないよう、コンテンツのなかになじみ、読んでもらいやすくすることが、ネイティブ広告の目的です。

ネイティブ広告は、一歩間違えるとステルスマーケティングになってしまいます（☞76ページ）。通常は広告枠のなかにつくられ、広告主が制作しているにも関わらず、記事と間違えて読まれる可能性があるからです。

そこで、日本インタラクティブ広告協会では、「ネイティブ広告に関する推奨規定」というものを策定・発表しています。その推奨規定の１行目は、「広告枠内に〔広告〕〔ＰＲ〕〔ＡＤ〕等の表記を行う」となっています。

ネイティブ広告であっても、「広告」などと明記することは必要ということです。

# 5章

## デジタルマーケティングを始めるには

Digital
Marketing

# デジタルマーケティングの目標＝ＫＧＩを明確にする

## デジタルマーケティングで何をしたいのか

デジタルマーケティングに限らず、マーケティングはマーケティング目標を定めるところから始まります。

しかし、デジタルマーケティングの場合は、その前にまず「本当に必要なのか」「何のために必要なのか」と自問してみてください。

低コストで始められるとはいえ、一定の初期投資は必要です。とくにこれから始めるという場合は、かける時間と手間も大きくなります。

それに対して、たとえば商圏が狭いリアル店舗などでは、思ったほどの効果があがらないこともあるでしょう。マーケティング的に見て、デジタルでない施策が有効という場合もあります。

みんながやっているからとか、世の中の流行だからという理由で始めることは得策ではありません。デジタルマーケティングで何をしたいのか、何を期待しているのかをまず考えてください。

そうしないと、適切な目標を定めることもできないでしょう。

## デジタルマーケティングに何を期待するか

マーケティングの目標は、具体的な数値をあげて決めます。つまり、**ＫＧＩ＝重要目標達成指標**です（☞84ページ）。

ＫＧＩは、売上高や利益率、成約件数といった、利益に直結するような指標で決めます。また、今期や来月など「いつ」を明確にしておきます。

このとき同時に、ＫＧＩ達成のために、**デジタルマーケティングに何をさせるか**を考えることが大切です。集客するために使うのか、

## マーケティング目標＝ＫＧＩの例

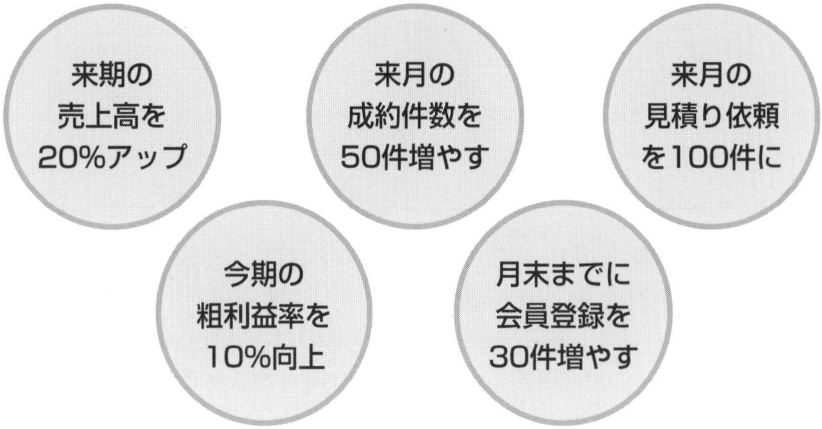
来期の
売上高を
20%アップ
来月の
成約件数を
50件増やす
来月の
見積り依頼
を100件に
今期の
粗利益率を
10%向上
月末までに
会員登録を
30件増やす

**Check!**

**ＫＧＩ（重要目標達成指標）は
利益に直結するような指標を選ぶ**

商品やサービスの購入までつなげるのか、リピーター獲得をデジタルマーケティングで行なうのか、といったことを考えておきます。

それによって、メディアの選択や、デジタルマーケティングの施策を変えることが必要です。というより、デジタルマーケティングに何を期待するかで、メディアの選択やマーケティングの施策がある程度決まってきます。

ちなみに、ＫＧＩと、それにＫＰＩも、デジタルマーケティング固有の手法というわけではありません。一般的なマーケティングの手法として、リアル店舗や会社でも用いられているものです。

この章では、デジタルマーケティング以外に、一般的なマーケティングの話も多くなりますが、それはデジタルマーケティングが独立したものではなく、マーケティングの発展の線上にある、マーケティングの一部だからです。

# マーケティングの常道、ＳＴＰのステップを踏む

## ＳＴＰはデジタルマーケティングにも有効

マーケティングでは、市場を開拓するにあたって、「**ＳＴＰ**」という手法を用います。右の図のように、「**セグメンテーション→ターゲティング→ポジショニング**」の**３ステップ**で、ターゲットを絞り込む手法です。

このＳＴＰは、デジタルマーケティングにも有効です。というより、あらゆるマーケティングに必須です。

## 市場を細分化する「セグメンテーション」

市場というものは、どんな市場でも広大なものです。

そこでまず、市場をセグメント（細分化）してみます。たとえば服でも、ブランド服やファストファッションなどに分類できるでしょう。ファストファッションはさらに、メンズ・レディス・ガールズ・キッズなどに細分化できます。

このように細分化するのが「**セグメンテーション**」です。

## ターゲットを絞り込む「ターゲティング」

細分化してみた市場のひとつ、またはいくつかにターゲットを絞り込むのが「**ターゲティング**」です。

ひとつに絞り込む場合、ひとつと、関連するいくつかの市場に絞り込む場合、あるいは関連のない２つか３つの市場をターゲットとする場合などがあります。

すべての市場をターゲットとしてカバーする戦略もありますが、一般の会社ではなかなかできません。大企業だけがとることのでき

**マーケティングの常道、ＳＴＰとは**

**S セグメンテーション**
市場をセグメント（細分化）して見る

↓

**T ターゲティング**
細分化した市場にターゲットを絞り込む

↓

**P ポジショニング**
ターゲットを絞り込んだ市場で狙うポジションを決める

**Check!**
ＳＴＰの手法をデジタルマーケティングに
活かさない手はない

る、強者の戦略です。

## 狙うポジションを決める「ポジショニング」

ターゲットとなる市場を絞り込んだら、その市場で狙うポジションを決めます。その市場のリーダーを狙うか、二番手を狙うか、それともさらに細分化した小さな市場＝ニッチを独占することを狙うのか、といったことです。

このように、ＳＴＰの３ステップを踏むと、マーケティングの目的が明確になります。どんなマーケティング施策を打てばよいか、その方法も明確になってきます。

このようなＳＴＰを、デジタルマーケティングにも活かさない手はありません。

# ペルソナとカスタマージャーニーをデジタルマーケティングに活かす

## ペルソナとカスタマージャーニーマップは重要な手法

**ペルソナ**と、ペルソナにもとづいて描く**カスタマージャーニーマップ**も、デジタルマーケティング固有のものではありません（☞80、82ページ）。しかし、マーケティングの重要な手法なので、デジタルマーケティングにも活かしたいものです。

念のためにおさらいしておくと、ペルソナとは商品やサービスを購入してくれる顧客の典型的な人物像を、実在の人物のように細かく設定したものをいいます（☞80ページ）。

また、カスタマージャーニーマップとは、顧客が商品やサービスを認知してから購入に至るまでに、何を考え、何を感じて、どんな行動をとったかを、段階を追って図表に書き込んだものです（☞82ページ）。

## どのフェーズでデジタルマーケティングを活かすか

カスタマージャーニーマップでは、タッチポイント（企業と顧客の接点）が重要な要素のひとつですが、それを見ながら、デジタルマーケティングをどのフェーズとどのフェーズで活かすか、検討することができます。

デジタルマーケティングなら、認知から購入に至るまでのいろいろな場面で、顧客とタッチポイントを持つことが可能です。

ペルソナにもよりますが、たとえば認知・注目のフェーズでは、ＳＮＳの自社アカウントを活かす、それが無理ならＳＮＳ広告を出稿するなど、かなり具体的に検討することができます。

カスタマージャーニーマップで検討する

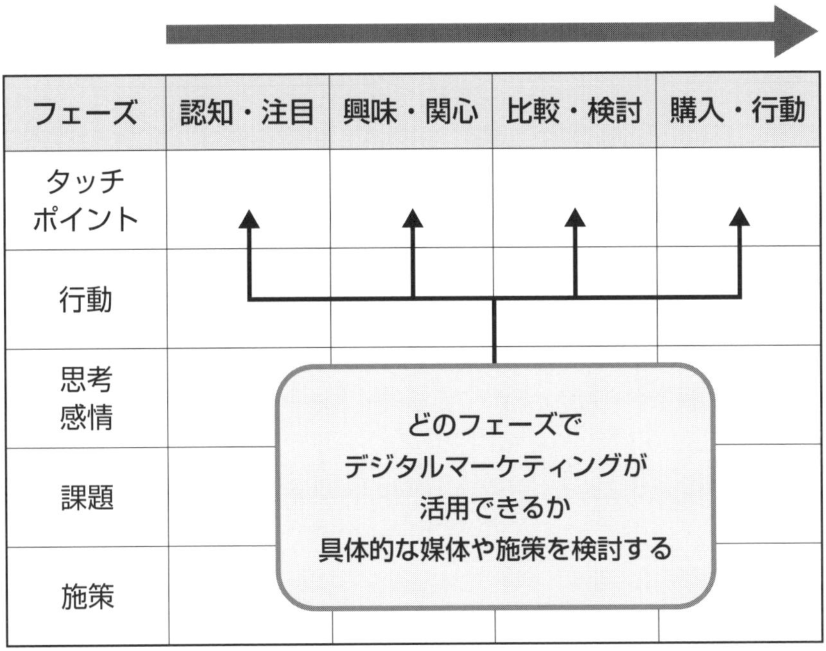

フェーズ
認知・注目
興味・関心
比較・検討
購入・行動
タッチポイント
行動
思考感情
課題
施策
どのフェーズで
デジタルマーケティングが
活用できるか
具体的な媒体や施策を検討する


ペルソナによっては、興味・関心のフェーズのために企業ブログを開設するといったことも考えられます（☞54ページ）。ただし企業ブログは、更新されないとかえって企業イメージが悪くなることがあるので、十分な準備が必要です。

## 具体的な媒体や施策を選択する

このように、カスタマージャーニーマップで、かなり具体的なデジタルマーケティングの検討を進めることができます。

ＫＧＩとＳＴＰで、ある程度の媒体や施策の絞り込みができているはずですが、より具体的な媒体の選択やコストの試算なども可能になるでしょう。

そこまでいけば、選択した媒体による具体的なマーケティング施策の検討もできるようになります。

66 Digital marketing

# 実現可能で適切なＫＰＩを具体的に設定する

## デジタルマーケティング会社と相談する

媒体の選択や施策の内容がある程度できたら、ＫＰＩ（重要業績評価指標）の設定に移ります。ただし、次項で説明するデジタルマーケティング会社に依頼する場合は、ＫＰＩの設定あたりから、依頼する会社の担当者と相談したほうがよいかもしれません。

カスタマージャーニーマップで選択する媒体や施策の内容も、ある程度の見当をつけるまでにとどめ、具体的な決定は担当者と相談するのが得策です。

その場合でも、媒体や施策、ＫＰＩに一定のイメージを持っておくことが大切になります。何の知識やイメージも持たず、デジタルマーケティング会社に丸投げするのはよくありません。

## デジタルマーケティングのＫＰＩを設定する

そこで、ＫＰＩの設定ですが、ＫＧＩのところでふれたように（☞144ページ）、ＫＰＩもデジタルマーケティング固有のものではないので、一般の企業でもすでにＫＰＩを設定していることがあります。

たとえばリアル店舗で、ＫＧＩを売上高に設定している場合に、ＫＰＩとして客単価と客数を設定しているといったケースです。

その場合でも、デジタルマーケティングを始める場合には、デジタルマーケティング固有のＫＰＩを設定します。

デジタルマーケティングのＫＰＩとして、よく使われるのは右の図のようなものです。それぞれの意味をおさらいしたい方は、参照ページを見てください。

## デジタルマーケティングのＫＰＩの例

今月のページビュー（ＰＶ）数を10％増

☞86ページ

今週のセッション数を300増やす

☞88ページ

来月までにフォロワー数を100人増やす

来月のユニークユーザー（ＵＵ）数を100人増

☞90ページ

月末までにコンバージョン数を200にする

☞92ページ

**Check!**

**ＫＰＩ（重要業績評価指標）はＫＧＩに大きく影響する指標を選ぶ**

### 対策をとれないものをＫＰＩにしない

ＫＰＩに設定する指標は、ＫＧＩに大きく影響するものを選びます。たとえば、ＫＧＩが売上高なら、売上高に関係するコンバージョン数といった具合です。

ＫＰＩを設定する際の注意点は、コントロールできないものをＫＰＩにしたり、実現不可能なＫＰＩを設定しないことです。コントロールできないものをＫＰＩとすると、担当者はただ見ていることしかできなくなります。

ＫＰＩの異常に対して、担当者が対策を考えられるようなＫＰＩにすることが大切です。

# デジタルマーケティング会社に依頼するときのポイント

## ＫＧＩ、ＳＴＰなどを明確にしておく

デジタルを専門とするマーケティング会社も、たくさんあります。自分でできないときは、費用はかかりますが、そうした専門会社にデジタルマーケティングの一部、または全部を依頼することが可能です。

その際のポイントは、この章で見てきたことを、できる範囲で明確にしておくことです。ＫＧＩ、ＳＴＰ、カスタマージャーニーマップ、ＫＰＩなどが明確なほうが、マーケティング会社も対応しやすく、結果的にコストも低く抑えられることがあります。

もちろん、がっちり決めておくということではなく、相手の意見を聞いて柔軟に修正することも大切です。

## デジタルマーケティング会社にもタイプがある

**デジタルマーケティング会社**にも、何をどこまでしてくれるかで、いくつかのタイプがあります。

「**コンサルティング型**」は、媒体や施策の選択などマーケティング全体の提案とアドバイスを基本の業務とするタイプです。

提案されたマーケティング施策の運用は、アドバイスを受けながら自分で行なうことになります。

「**運用代行型**」では逆に、媒体や施策の決定は自分で行ないます。その代わり、施策の運用はマーケティング会社がすべてやってくれるタイプです。

マーケティング会社に適切な指示をする必要があるので、デジタ

**デジタルマーケティング会社のタイプ**

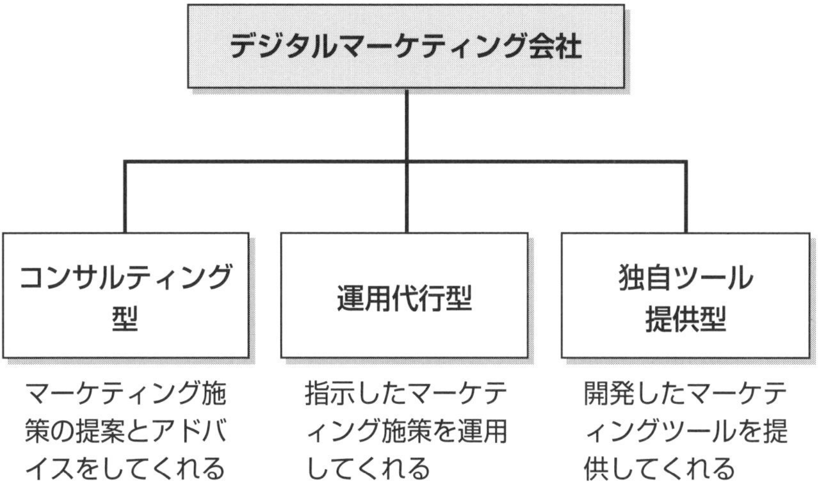


**Check!**
**コンサルティングから運用までや、**
**ツールの提供から運用までを行なう会社もある**

ルマーケティングについて、かなりの知識と、ある程度の経験が必要になります。

「**独自ツール提供型**」では、マーケティング会社が会社独自のマーケティングツールを開発していて、費用を支払ってそのツールを利用させてもらいます。

もちろん、サポートもしてくれますが、ツールを使用した施策の運用は、基本的に自分で行なうことが必要です。

ただし、必ずこれらのタイプに分かれているというわけではなく、コンサルティングから運用までを行なってくれる会社、独自ツールを使用して運用まで行なってくれるマーケティング会社などもあります。

要は、**自分でどこまでできるか、どこまでやりたいか**が、マーケティング会社選択のポイントです。

そのようなデジタルマーケティング会社の選択にも、この本でお話ししてきたことが役に立つと思います。

この本が、読者のみなさんのデジタルマーケティングに対する理解と、仕事への活用に役立つことができれば、こんなにうれしいことはありません。

# さくいん

## 【数字・英字】

## 【あ】



## 【か】

## 【さ】



## 【た】

## 【な・は】



## 【ま・や・ら】

**野上眞一**（のがみ　しんいち）

会社勤務を経て、新製品・市場のコンサルティングに従事。主に「マーケティング」「経営数字」などを中心とした書籍の執筆、およびそれらのアドバイスを行なっている。
会社員時代の経験から「すべての仕事にマーケティングを」をモットーとし、「あなたの隣のマーケター」を自認。難解なマーケティング戦略や用語を、普通のビジネスマンや学生にも理解できるよう、かみ砕くことに苦心している。
著書に、『18歳からの「マーケティング」の基礎知識』（ぱる出版）、『図解でわかるマーケティング　いちばん最初に読む本』（アニモ出版）、『マーケティング用語図鑑』（新星出版社）がある。

**図解（ずかい）でわかるデジタルマーケティング**
**いちばん最初（さいしょ）に読（よ）む本（ほん）**

2020年11月15日　初版発行

著　者　野上眞一
発行者　吉溪慎太郎

発行所　株式会社**アニモ出版**
〒162-0832 東京都新宿区岩戸町12 レベッカビル
TEL 03(5206)8505　FAX 03(6265)0130
http://www.animo-pub.co.jp/

 ISBN978-4-89795-243-7
印刷：文昇堂／製本：誠製本　Printed in Japan